Anna Maria Arianna Trainito

I0390826

FENOMENOLOGIA
DELL'ERRORE

La bellezza dell'errore
nella creatività umana

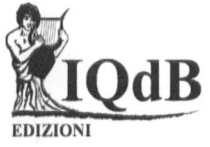

IQdB
EDIZIONI

CONTENUTI

Dedica

Introduzione

Capitolo Uno 1

1.1 Morin: epistemologia della complessità 3

1.2 Il principio di indeterminazione: Heisenberg 7

1.3 La relatività della conoscenza. Einstein e gli altri. Errore 9
e scienze

1.4 Errore Evoluzione e Conoscenza 13

Capitolo Due 17

2.1 Estetica ed esistenza 21

2.1.2 Genio e sregolatezza 25

2.2 La messa in forma estetica 29

2.3 Art brut e ribel 33

2.4 La percezione oltre i confini (Gestalt) 39

2.5 Lacan, la Klein e i surrealisti 43

Capitolo Tre 53

3.1 La CreAttività e il pensiero laterale 79

3.2 Serendipità e caso 91

3.3 La scuola dell'errore 93

3.4 Fantasia e immaginazione "un po' di storia" 97

3.4.1 Fantasia e immaginazione 99

3.4.2 Il principio della Rêverie 107

3.5 L'errore creativo 111

3.6 La bellezza dell'errore 115

Capitolo Quattro 123

4.1 Metodo dinamico transdisciplinare 129

4.2 Estetica fisiologica nella globalità dei linguaggi. 133

4.3 Glitch: l'errore musicale all'avanguardia 137

4.4 Il pensiero del cuore: bellezza e poesia. Ascolto 141

poetico
4.5 Improvvisazione beat dell'emozione 149
4.6 Musica, mente, cervello. Neuroscienza cognitiva 165
della musica.
Conclusioni 175
Bibliografia 179
Sitografia 186
Note 188

Anche perché
non ho mai capito bene
che cosa sia la virtù
o cosa sia l'errore.

Fabrizio De Andrè

Il creativo cerca relazioni tra le cose,
il CreAttivo le applica.

Il segreto della CreAttività
è saper valorizzare i propri errori.

Dedica ricevuta dal poeta Donato di Poce

A chi ho incontrato nel viaggio della vita dedico questi scritti, queste tracce di me... queste idee a volte troppo nascoste.
A questa infinita ricerca, alla mia voglia di libertà di pensiero, ai miei dubbi e domande... alla mia musica ancora in incubazione, alle mie bozze, ai miei infiniti viaggi tra i pensieri, paure, alla mia introspezione, al mio perdermi e ritrovarmi per poi riperdermi, ai miei infiniti sbagli, al mio mare di emozioni, alla mia Sicilia terra di passione e alla mia voglia di conoscenza.
A chi mi ha considerato spesso un errore in errore...
BUONA LETTURA.

Arianna Anna Maria Trainito

Introduzione

Sicure verità conobbe mai nessuno
e nessuno ne conoscerà
intorno agli dei
e tutte le cose delle quali parlo.
E se anche uno dovesse un giorno
annunziare la più perfetta verità
questi non potrebbe saperlo.
Tutto è intessuto di supposizioni.

Senofane

"Chi sbaglia va condotto nella retta via", pensavano gli antichi, ma pensare di vivere in un mondo ordinato e semplice conduce alla condanna dell'errore. Un tale ragionamento, difatti, pone su un piedistallo privilegiato delle verità stabilite solo da pochi uomini che, in tal maniera, riescono a controllare la vita di molti, a condizionando l'inconscio comune e facendo tacere gesti e sguardi dell'individuo che in essi manifesta la sua più intima creatività.

L'errore è stato disprezzato nel corso dei secoli da metafisici, filosofi, pedagoghi e da un'intera letteratura basata su canoni di bellezza che rispettano ciò che è ritenuto formalmente, economicamente e politicamente corretto. Si tratta di una letteratura ed una scienza che hanno preferito valorizzare solo alcune grandi verità fondate su criteri logici-strutturali con la presunzione di eliminare ciò che era 'incomprensibile, errato, diverso, complesso.

Del resto gli insegnanti – i cosiddetti maestri – amano presentarsi come coloro che non sbagliano mai. Pertanto, ciò che tramandano si riduce a sterili dogmi, pensieri scientifici e nozioni algebriche partorite da uomini che hanno detenuto il controllo sulla conoscenza allontanando quello che potremmo definire il "sentimento della scienza".

Eppure già Metastasio ammoniva ribadendo che "sempre s'impara errando". Allo stesso modo, Croce sottolineava che errore e ricerca della verità si intrecciano di continuo e, ancora, Alain diceva che l'errore è il primo stato di ogni conoscenza. Un elenco di citazioni, questo, che potrebbe continuare all'infinito, tuttavia esse sono rimaste inascoltate fino alla metà del Novecento, quando la personalità rivoluzionaria di Karl Popper mise in crisi la teoria sull'errore. La sua epistemologia rivaluta l'errore al massimo grado, dandogli il giusto valore nel mondo della conoscenza. Contrariamente ai neopositivisti, Popper ritiene che la base empirica delle scienze non è qualcosa di assoluto, cosicché non è possibile sostenere che la scienza poggia "su un solido strato di roccia ". Egli paragona le teorie scientifiche a edifici costruiti su palafitte, che si elevano sopra una palude; quando ci si arresta ad una teoria, non è perché si sia trovato un terreno solido, ma perché si ritiene che i sostegni disponibili siano abbastanza stabili, almeno per il momento, per reggere la struttura. Da Novalis, egli riprende un'altra metafora che paragona le teorie a reti gettate per catturare quello che chiamiamo il mondo; per catturare il più possibile si cerca, dunque, di rendere la trama delle reti sempre più sottile. Questo avviene attraverso la critica e la sostituzione delle teorie con altre migliori: "Quel che in ultima analisi - dice Popper - decide del destino di una teoria è il risultato di un controllo" . Grazie a questa dinamica la scienza risulta caratterizzata da un progresso che Popper interpreta sulla falsariga del modello evoluzionistico darwiniano: come la lotta per la vita conduce alla selezione e alla sopravvivenza dei più adatti, così la competizione tra e teorie scientifiche dà luogo ad una selezione della teoria che si dimostra la più adatta a sopravvivere, in quanto sino ad allora è l'unica ad aver superato i controlli più severi e a poter essere controllata nel modo più rigoroso. Tipica della conoscenza scientifica è, pertanto, la sua capacità di crescere e di progredire, non nel senso di accumulare risultati, ma nel senso di sostituire teorie con teorie via via migliori. Cosicché si può dire che "il progresso della conoscenza consiste principalmente nella modificazione delle nostre conoscenze precedenti ".[1]

In realtà sbagliando si crea...

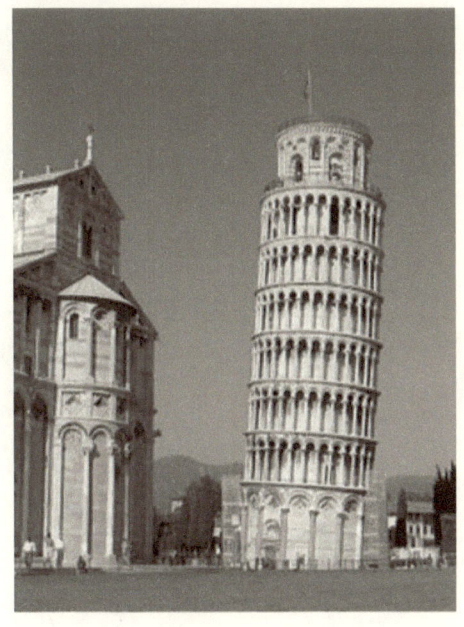

Gli errori sono necessari, utili come il pane e spesso anche belli. Un esempio?
La Torre di Pisa, l'errore architettonico più bello del mondo.

Capitolo Uno

Conoscenza e Verità

La verità del domani si nutre dell'errore di ieri.
Antoine Saint Exupery

Nei secoli il pensiero scientifico-filosofico ha subìto profonde trasformazioni ad opera di pensatori, scienziati, antropologi, filosofi, uomini e donne in cerca di verità che hanno smentito o rivoluzionato le teorie precedenti e creato nuove verità.

Sia la Scienza che la Filosofia hanno cercato di spiegare la realtà fisica e metafisica opponendosi l'uno all'altra, spesso dando risposte opposte per spiegare quello che l'altra non riusciva a chiarire. In passato, si cercava di trovare un equilibrio al sapere e alla conoscenza cercando di semplificare ciò che era complesso ("Un 'paradigma di semplificazione', - afferma Morin - che concepisce il mondo in unità separate, con il soggetto disgiunto dall'oggetto, lo spazio dal tempo, il pensiero dalle emozioni, e tuttavia ripreso dai tanti fautori del progresso industriale che ha modellato la nostra civiltà e, insieme, il declino ecologico contemporaneo, fino alla sconfitta della natura e a un suicidio, da diverse parti preconizzato, del genere umano".[2]) e favorire un ordine, scartando a priori ciò che conduceva al caos, alla confusione, all'incertezza e all'errore.

Già con Platone era matura l'idea secondo cui la verità riguarda il rapporto tra il linguaggio (o il pensiero) e la realtà, tra ciò che si dice osi pensa e ciò che esiste; ed era già abbastanza chiaro – sebbene ancora da spiegare in modo soddisfacente – che tale rapporto doveva essere espresso in termini di "corrispondenza". Più tardi Aristotele doveva veicolare la stessa convinzione con le parole: "dire [...] che ciò che è non è e ciò che non è, è falso, mentre dire che ciò che è e ciò che non è non è, è vero; e così anche colui che dice che una cosa è o che una cosa non è dirà [a seconda dei casi] vero o falso"[3]. Si pensava infatti che ciò che era complesso non potesse essere considerato semplice e ciò che era semplice non potesse avere la pretesa e il potere di controllare tutto il reale.

Il nostro secolo presenta ancora una patologia del sapere che mette in crisi i fondamenti della conoscenza. L'intelligenza cieca ha cercato di separare, disgiungere il sapere e catalogarlo in settori e discipline, idealizzando un ordine perfetto delle cose presenti nell'universo. In realtà, noi sappiamo che esiste un ordine che è stato generato da un disordine più grande, che sta alla base di ogni cosa, ed è quello a cui dobbiamo risalire per avere "una conoscenza della conoscenza" delle cose.

Se la conoscenza è radicalmente relativa e incerta, la conoscenza della conoscenza non può sfuggire a questa relatività e a questa incertezza. Ma il dubbio e la relatività non sono solo corrosione, possono divenire anche stimolo. La necessità di mettere in relazione, relativizzare e storicizzare la conoscenza non produce soltanto costrizioni e limitazioni, ma impone anche delle esigenze cognitive feconde.[4]

1.1 Morin: epistemologia della complessità

Che cos'è la conoscenza? Chi la genera? Chi la indaga e la concepisce? A quale porzione del cervello attengono le attività della mente e della coscienza? In quali termini si può parlare di realtà? Una riflessione sui processi cognitivi non può non prendere le mosse da tali quesiti. Il paradigma della complessità investe tutti i campi del sapere, avverte Morin, anche i più tradizionalmente immuni dal dubbio e dall'incertezza, ed esige nuove chiavi di lettura di fronte all'inadeguatezza delle scienze logiche ed empiriche indisponibili al dialogo poiché arroccate su posizioni immobili. Il pensiero complesso non disprezza la semplicità ma la semplificazione e opera una radicale critica al riduzionismo che mutila la realtà pretendendo di renderla unidimensionale. Ma la "complessità" non comporta soltanto una trasformazione del modo attraverso cui guardiamo il mondo e lo costruiamo in una dinamica di senso, essa rappresenta per Morin una vera e propria rivoluzione copernicana che riguarda la nozione stessa di soggetto e di mondo. Nel momento stesso in cui, in questa "nuova" percezione scientifica fa appello alla nozione di ambiente come orizzonte di realtà più vasto allora è possibile pensare in maniera differente il sorgere della soggettività che "emerge soprattutto a partire dall'auto-organizzazione, in cui autonomia, individualità, complessità, incertezza, ambiguità divengono caratteristiche proprie dell'oggetto, in cui, soprattutto, il termine "auto" porta in sé la radice della soggettività"[5].

Per indagare la biologia e l'animalità della conoscenza, e reintegrare nei rispettivi apparati il dinamismo ricorsivo del *computo* – processo di elaborazione delle informazioni – e del *cogito* –

atto di autocoscienza dell'essere umano in quanto creatura pensante – occorre analizzare sia le operazioni del pensiero che la biologia del cervello, nell'orizzonte complesso delle loro reciproche, insuperabili, contraddizioni e interdipendenze; come spiega Morin "può così instaurarsi la dialogica fra l'apparato conoscente, portatore del già conosciuto (gli schemi innati, le acquisizioni memorizzate) e l'ambiente conoscibile, brulicante di incognite. La conoscenza cerebrale ha evidentemente bisogno degli stimoli dell'ambiente circostante per divenire operante e per svilupparsi"[6]

Se la conoscenza coincide, dunque, con le istanze della vita, non può essere cristallizzata in una cultura precettistica che tende a sistematizzarla e ad organizzarla. Non può essere imposta dell'esterno, ma va aiutata a scaturire dall'interno come il frutto prezioso di una generazione. Occorre, tuttavia, rifondare di volta in volta la dialettica fra problematizzazione e soluzione, poiché, scrive Morin: "le nostre attitudini a risolvere problemi possono finire con l'essere sterilizzate dai loro stessi successi: così, una strategia riuscita si trasforma in una ricetta programmata di conoscenza e la mente perde l'attitudine ad affrontare il nuovo e a inventarlo"[7].

Nel quadro d'incertezza che caratterizza la storia, le scienze e il concetto stesso di realtà, Morin delinea la natura umana e fallibile della conoscenza: sottrarsi ai vincoli della realtà o banalmente accettarli adattandosi all'immediato può impedirci di accedere al possibile che non è ancora sotto i nostri occhi.

Oltre a ricordarci, come diceva Nietzsche, che il *"Metodo"* arriva solo alla fine, Morin attualizza il messaggio di Euripide: "Gli dei ci creano tante sorprese: l'atteso non si compie, e all'inatteso un dio apre la via". Impariamo, quindi, che la possibilità è figlia dell'incertezza.

1.2 Il principio di indeterminazione: Heisenberg

A inizio Novecento, l'Europa intera è attraversata da quella che si è soliti definire *crisi delle scienze fisiche*. Tutta una serie di esperimenti basati sulla radiazione emessa dagli atomi aveva infatti mostrato l'insufficienza della vecchia meccanica newtoniana nell'indagine della natura. La meccanica classica, in sostanza, non era in grado di spiegare il comportamento delle "particelle elementari"; era necessario sviluppare una nuova matematica. Si comincia allora a nutrire maggiore interesse per lo studio dei quanti[8], approfondendo gli studi dell'atomo. In questo contesto si inserisce la riflessione heisenberghiana, che trova compimento nella formulazione del principio di indeterminazione, "una delle più sconcertanti rivoluzioni del sapere umano, che darà solide radici al mondo turbolento della nuova meccanica e le cui implicazioni fisiche e filosofiche saranno materia di discussione per tutto il Novecento"[9]. Esso si configura come una profonda ridefinizione del nostro modo di concepire il rapporto tra soggetto e oggetto, poiché non è possibile conoscere contemporaneamente tutte le proprietà di un oggetto. Di conseguenza il mondo fisico per come lo conosciamo è frutto di un insieme di probabilità che si manifestano nelle nostre osservazioni. Il tipo di conoscenza che ne deriva dunque è di tipo probabilistico. Ma l'importanza di tale approccio, travalica l'ambito della fisica e investe tutto ciò che concerne i processi di conoscenza. Tra le implicazioni più rilevanti per l'esperienza quotidiana vi è l'impossibilità di pervenire a una conoscenza oggettiva completa e imparziale di un fenomeno se prima chi osserva non è in grado di sapere come egli stesso interferisce sull'oggetto osservato. Vari esperimenti avvalorano questa tesi[10], ma i risultati ottenuti, non sono assolutamente legati al tipo di esperimento scelto, ma hanno validità assolutamente generale.

Già Niels Bohr colse tutte queste sfaccettature quando scrisse che l'uomo "è al contempo spettatore e attore nel grande dramma dell'esistenza"[11]. Gli studi di Heisenberg e Bohr riguardo agli atomi e la fisica quantistica crearono una rivoluzione nella scienza e in ogni campo della conoscenza. Bohr, spiegando il significato della teoria quantistica, concluse dicendo "quando si tratta di atomi" il linguaggio si può usare come nella poesia. Anche il poeta non si preoccupa tanto di descrivere fatti quanto di creare immagini e di stabilire connessioni mentali"

Una profonda rivoluzione scientifica ed epistemologica, dunque. Una drastica rivalutazione della soggettività nell'indagine naturale che, lungi dall'inibire ogni pretesa scientifica, propone un nuovo - e, per certi, versi meno ingenuo - modo di porci di fronte alla realtà. In altri termini, la natura e le sue leggi, lungi dall'essere qualcosa di obiettivo - e, quindi, da scoprire -, sono piuttosto condizionate dal soggetto che le osserva. Il che, forse forzando un po' la mano, non è molto distante dal dire che sono una nostra invenzione. L'unica, vera scappatoia all'incubo del determinismo consiste, allora, nel cambiare semplicemente punto di vista, nello smettere di pensare in modo dualistico (cioè in termini di "me" e "non me") e cercare di vedere piuttosto l'universo come una totalità priva di confini, in cui le cose fluiscono l'una nell'altra e si sovrappongono, senza margini o categorie chiaramente definite. Se si adotta questo nuovo contesto si potrebbe scoprire che in fondo, come afferma il logico R.M. Smullyan, "il determinismo e la libertà di scelta sono molto più vicini tra loro di quanto potrebbe sembrare".

1.3 La relatività della conoscenza. Einstein e gli altri. Errore e scienze

L'errore non ha niente di strano è il primo strato di conoscenza.

Alain

Chi dubitasse che alle sue stesse origini la scienza ha sostituito al mondo sensibile un mondo intelligibile, potrebbe uscire presto dalla propria incertezza[12]. Lungi dal rimanere semplicemente ancorata alla realtà concreta, dunque, la conoscenza può trovare radici profonde nella mente umana, capace di generare concetti e idee per nulla tacciabili di incorrettezza. Nessun uomo deve rinunciare ad accostarsi ad una parte qualsiasi della conoscenza umana perché gli sembra che essa oltrepassi la sua intelligenza, e neppure quando giudica possibile fare un reale progresso in una scienza solo a condizione di specializzarvisi[13]. "Poiché, dato che tutte le scienze non sono altro che saggezza umana la quale resta sempre una e sempre uguale per quanto differenti siano gli oggetti ai quali si applica, e non riceve cambiamenti da tali oggetti come la luce del sole non li riceve dalla varietà delle cose che illumina, non c'è bisogno di imporre dei limiti alla mente: la conoscenza di una verità non ci impedisce infatti di scoprirne un'altra, come l'esercizio di un'arte non ci impedisce di apprenderne una seconda, ma piuttosto ci aiuta in questo apprendimento"[14]. In questo processo, però, non va mai tralasciata la possibilità di errore, ovvero di intraprendere vie apparentemente illogiche.

In merito a ciò, la crisi della meccanica classica e lo sviluppo della nuova fisica relativistica e quantistica hanno introdotto nel dibattito epistemologico una nuova e complessa generazione di problemi. I nuovi concetti della fisica del XX secolo non rappresentano solo una sfida al senso comune, ma mettono in discussione le tradizionali soluzioni epistemologiche intorno alla conoscenza umana, alle sue possibilità e ai suoi limiti. La teoria della relatività – al di là di quanto ne potesse pensare Einstein dal punto di vista filosofico – mette comunque in crisi il concetto stesso di tempo. E nega così la sequenzialità e i rapporti causa-effetto, per cui possono esistere tante verità diverse e dunque relative[15]. L'errore non è dunque lo scarto negativo da una verità assoluta, bensì uno strumento positivo nel processo pragmatico e contingente di apprendimento umano[16]. Per dirla con Croce, "errore e ricerca della verità s'intrecciano di continuo"[17], ma intorno all'errore si è cristallizzata una cattiva letteratura che è difficile da rimuovere. Di fatto, non si ha ancora una adeguata pedagogia dell'errore e ancor meno una sapiente sua didattica[18].

Anche in letteratura, con Pirandello ad esempio, ritorna questo stesso concetto, in quanto la sua concezione relativistica dell'uomo ne esclude una conoscenza scientifica. L'uomo – dice ancora lo stesso autore – è troppo assurdo per essere capito. L'impossibilità dell'individuo e della società di fissare una verità assoluta, conduce l'uomo ad annaspare nel buio del mistero che l'avvolge, senza possibilità di raggiungere alcuna certezza. Si rende necessario, allora, quel "sentimento del contrario" con cui Pirandello intende la capacità di cogliere i molteplici e contrastanti aspetti della realtà, di percepire quale vita palpita e soffre dentro le strettoie delle forme, di andare al di là di ciò che in prima istanza cade sotto i nostri sensi. Come conseguenze di tale concezione, si ha il superamento del canone – ai tempi fondamentale – dell'esistenza di una realtà da descrivere con puntigliosa precisione, e il relativismo gnoseologico, cioè l'affermazione della relatività del processo della conoscenza e dei giudizi ai quali esso porta.

"Non è dunque vero – dice Simone Weil – che la scienza sia una specie di oracolo soprannaturale, fonte di sentenze diverse e sicure ogni anno ma necessariamente sempre più sagge. Quanto agli scienziati, essi sono ben inteso i primi a far passare le loro opinioni per sentenze di cui non sono responsabili, di cui non debbono rendere conto, emanate da un oracolo. Non c'è nessun oracolo, ma solo le opinioni degli scienziati i quali sono uomini"[19]. La concezione teologica della verità e dell'errore è un mito che presto morirà: ha radici lontane (la teoria della natura che si autosvela alla mente, alimentato dai successi teorici e dal cattivo insegnamento delle scienze che si risolve nell'apprendimento delle teorie come apprendimento di dogmi fissati quasi per l'eternità. La verità scientifica vista come verità certa scritta per l'eternità è un mito una falsa storia).[20]

L'epistemologia di Popper è un'epistemologia che valorizza l'errore alla sua massima potenza estetica. Nella scienza come nella vita afferma Popper vi è il metodo di apprendimento per prove e errori: non esiste una strada che ci consente di evitare l'errore. Spesso le confutazioni sono state considerate come sanzioni dell'insuccesso di uno scienziato, o almeno della sua teoria. Questo è un pregiudizio induttivistico. Ogni confutazione dovrebbe essere considerata un grande successo, non solo per lo scienziato che ha confutato la teoria, ma anche per quello che suggerì l'esperimento confutante.[21] La scienza è un insieme di errori commessi e a sua volta corretti dal loro e da altri uomini. La storia della scienza è un cimitero di teorie errate morte sotto il peso delle falsificazioni lasciando così il campo a teorie migliori. Non esistono teorie, metodi eterni nei confronti del tempo. Popper dice che un atteggiamento critico nei confronti delle idee è la differenza tra il metodo di Einstein e quello dell'ameba. L'atteggiamento critico gli permise di scartare centinaia di ipotesi per poi esaminare ancora.

Lo scienziato fa ipotesi: cerca di trovare l'errore in ognuna di questa ipotesi, criticandola sperimentandola e ancora. Se un'ipotesi non resiste a queste critiche e a queste prove almeno altrettanto bene che le altre ipotesi con essa in competizione, essa verrà eliminata.[22], Einstein per Popper può sbagliare come l'ameba, ma mentre quest'ultima teoria muore con la teoria errata, lui è felice di trovare sbagliata la sua teoria e avanzare nella conoscenza. Non bisogna respingere un'idea, perché si trova in disaccordo con le deduzioni di una dottrina dominante. La libertà di colui che sperimenta è basata sul dubbio filosofico. Quindi l'incertezza dei nostri ragionamenti ha diritto di esistere nella propria libertà. Nelle scienze matematiche questa libertà non esiste.

Per chi sperimenta e crea è meglio non saper nulla anziché ostinarsi sulle idee fisse delle teorie cosi nemiche all'immaginazione e alla scoperta. Infatti essa consiste generalmente in un rapporto non previsto, non preso in considerazione dalle teorie. Ecco che una condizione di ignoranza potrebbe favorire il processo di scoperta. "Coloro che pongono fede eccessiva nelle teorie o nelle proprie idee, non solo sono inadatti a fare delle scoperte ma fanno delle pessime osservazioni.

1.4 Errore evoluzione e conoscenza

L'evoluzione è un processo e questo processo evolutivo è anche nella sua essenza un processo conoscitivo. L'essere umano, infatti, inizia ad interrogarsi solo quando il suo movimento senza sosta verso questa o quella meta viene improvvisamente costretto ad interrompersi. L'indagine sulle cose, dubitando delle cose stesse, allontana dalla certezza dei percorsi, ma permette la speculazione.

Nei percorsi storici della conoscenza umana, il concetto di evoluzione ha permeato alcune teorie che, scardinando le conoscenze pregresse, hanno inizialmente stentato ad assumere valenza scientifica a causa della diffidenza nei confronti di idee talmente rivoluzionarie e innovative. Nella storia della scienza, e forse, più in generale, del pensiero, poche teorie hanno avuto un'accoglienza così contrastata – ad esempio – come quella di Copernico (la terra non è più il centro dell'universo) e di Darwin (l'uomo viene fatto scendere dal piedistallo: non è più il centro dei viventi). La loro penetrazione nel bagaglio culturale comune ha richiesto tempi molto lunghi.

Una riflessione sulla teoria dell'evoluzione impone di considerare un concetto cardine che si erge a colonna portante di essa stessa: i cambiamenti sono dovuti alla selezione naturale che agisce (sceglie) sulla variabilità presente nella popolazione e che viene introdotta *per caso*[23]. Così si esprime lo stesso autore della teoria: "Sono pienamente convinto che le specie non sono immutabili; ma che tutte quelle che appartengono a ciò che chiamasi lo stesso genere, sono la posterità diretta di qualche altra specie generalmente estinta[24]". Darwin, purtuttavia, non spiegò le cause di questi piccoli errori o mutazioni naturali. Solo oggi sappiamo, con lo studio del DNA, che sono dovuti a errori nella trascrizione del patrimonio genetico[25]. Oltre 500 milioni di anni fa – dice un nuovo studio recente – una creatura senza spina dorsale sul fondo dell'oceano ha avuto due raddoppi successivi del suo DNA, un "errore" che alla fine ha innescato l'evoluzione degli esseri umani e molti altri animali. L'essere umano – ed ogni specie vivente in generale –, dunque, è la risultante di tutta una serie di cambiamenti evolutivi dovuti ad 'errori'.

In un'accezione più ampia, la comune definizione di errore vuole che sia vero ciò che è falso o falso ciò che è vero, ma i filosofi ci hanno insegnato che uno "sbaglio" non è soltanto un "abbaglio", ma qualcosa che investe in modo più radicale la nostra esistenza: per camminare dritto sulle proprie gambe, insomma, ognuno di noi ha dovuto prima inciampare molte volte. E' a causa e allo stesso tempo grazie all'«errore» che la forma speculativa esiste, che la ricerca della verità prende vita. Non è un caso che il Libro dei Libri, la Bibbia, inizia proprio come racconta il Libro del Genesi, con l'albero della vita e della conoscenza come protagonista centrale della vicenda. "Tu potrai mangiare di tutti gli alberi del giardino, ma dell'albero della conoscenza del bene e del male non devi mangiare, perché, quando tu ne mangiassi, certamente moriresti.[26]" La caduta nell'"errore" di Eva – ciò che viene raccontato come peccato originale – è l'accesso al frutto della conoscenza, che origina, conseguentemente, il "dolore" nella vita dell'uomo. Questo è, di per sé un ragionamento con una mancanza. Se prima dell'accesso al frutto della conoscenza non fosse esistito il male non si capirebbe allora perché, mordere la mela rientri in questa definizione. La lettura che viene data è spesso superficiale, la distinzione non mancava, non poteva mancare, così come il bene assoluto, o la ricerca continua dell'essere umano di liberarsi del male, è, in sé, fallace. Non sorprende allora se certi teologi hanno definito il peccato originale una "colpa benedetta", dal momento che grazie a esso, l'uomo ha effettivamente acquisito la sua umanità, guadagnando coscienza di sé stesso, autonomia e responsabilità.[27]

La conoscenza è di conseguenza questo, separarsi dall'uno origi-nario per diventare autenticamente uomini. Così infatti Hegel, nel capitolo dedicato al Cristianesimo ne *Le lezioni sulla filoso-fia della storia*, interpreta il racconto in questione: "[...] l'uomo, creato a immagine e somiglianza di Dio, avrebbe perduto il suo stato di assoluta soddisfazione per aver mangiato dell'al-bero della conoscenza del bene e del male. Qui il peccato con-siste solo nella conoscenza: questa è l'elemento peccaminoso e per causa sua l'uomo si è giocato la felicità naturale. [...] La conoscenza è il peccato originale come superamento dell'unità naturale [...]. Perciò il peccato originale è il mito eterno dell'uomo, è il peccato tramite il quale l'uomo si fa uomo".

Capitolo Due

La vera bellezza. Rivoluzione estetica e intuitiva

"Quando si tratta di giudicare se una cosa è bella, non si vuol sapere se a noi o a chiunque altro importi, o anche soltanto possa importare, della sua esistenza. Si vuol sapere soltanto se questa semplice rappresentazione dell'oggetto è accompagnata in me dal piacere."[28] L'armonia degli oggetti belli, – intende dire Kant – pur esprimendo un formale accordo delle parti fra di loro, e quindi una certa finalità, non soggiace ad uno scopo determinato, concettualmente esprimibile. La bellezza è un libero e vissuto gioco di armonie formali che non rimanda a concetti precisi e non risulta imprigionabile in schemi conoscitivi.[29] Per dirla con Simone Weil, il bello testimonia che l'ideale può passare nella realtà.[30]

Il platonismo di fondo della concezione weiliana si riverbera in tutti gli aspetti della sua visione della bellezza: la via del bello è, accanto a quella intellettuale della matematica e della geometria, scienze di puri rapporti, la porta verso il divino. Questo procedere in una scala di ascesi, contrasta in Simone Weil con la concezione cristiana che vede l'apogeo della bellezza in un percorso discensivo, dal divino all'umano. "La bellezza stessa, è il Figlio di Dio. Perché Egli è l'immagine del Padre, e il bello è immagine del bene".[31] In ciò vi è del platonismo, secondo cui il singolo essere bello è da considerarsi come un gradino verso la bellezza in generale, che si configura come specchio di Dio.

Alla luce di ciò, una dimensione particolare che può essere presa in considerazione per indagare sulla persona è quella *estetica*[32]. Estetica deriva dal greco *aisthesis* = sensazione; assume il senso di indagine sulla conoscenza sensibile. La sensibilità è la capacità del soggetto di avere sensazioni in base alle quali può essere modificato dall'oggetto. La conoscenza sensibile produce conoscenza basata sulle intuizioni, la conoscenza mediata dall'intelletto produce concetti. Senza la sensibilità nessun oggetto ci verrebbe dato, senza intelletto nessun oggetto potrebbe essere pensato. L'esperienza estetica viene vissuta come il piacere di bellezza, che può essere provato attraverso le emozioni e i sentimenti.

Per cercare di comprendere la teoria estetica, possiamo fare riferimento a Benedetto Croce, secondo il quale l'estetica è una particolare modalità del conoscere. Nulla di ciò che è dato è di per sé bello; «il bello esiste veramente solo per chi sappia vederlo con gli occhi della fantasia». Parlando dell'artista e del fruitore, dice che il primo ha la capacità di creare l'opera d'arte, il secondo, se stimolato da essa, può andare oltre essa e riprodurre l'evento estetico, a condizione che rimanga un nesso di continuità tra creazione e ricezione.

Croce articola il suo pensiero relativo all'estetica definendo due tipi di conoscenze: la conoscenza *intuitiva* e la conoscenza *logica*, di cui esplicita le differenze nel seguente modo.

Conoscenza Intuitiva:

- Si attiva attraverso lo spirito;
- Riguarda l'individuale;
- Considera le cose singole;
- Si realizza attraverso la fantasia;
- Produce immagini;
- Non vi è distinzione tra realtà e irrealtà;

- Non si situa in una realtà spazio/temporale;
- Non si adegua a realtà date;
- Non ha propositi etici o finalità utilitarie;
- È un'attività che dà forma.

Conoscenza Logica:

- Si attiva attraverso l'intelletto;
- Riguarda l'universale;
- Considera la relazione tra le cose;
- Si realizza attraverso la percezione;
- Produce concetti;
- Pone la realtà di ciò che viene percepito;
- Ha legami con idee universali e tesi generali;
- Riguarda il contenuto.

2.1 Estetica ed esistenza

Estetica ed esistenza sono l'es-tensione dell'essere, l'orizzonte sul quale la bellezza della vita muta in vita della bellezza, come il giorno prende le sembianze della sera e la sera quelle del giorno, scambiandosi – nel punto estremo in cui giunge l'umano sguardo – l'uno i destini dell'altra[33]. Ma la comprensione del valore estetico dell'esistenza rimane, purtuttavia, sfuggente nella maggior parte dei casi. Si tratta di qualcosa talora appena intuibile, poiché l'ordine estetico fa parte di un piano eccezionale. Esso è un ordine che non è condizione di esistenza, come sostiene la Weil nei Quaderni, alla maniera di quello che regna nel mondo della natura, ma è un ordine che vale solo per sé stesso, in sé stesso compiuto, un ordine che si sottrae alle leggi sensibili.

L'arte è quindi conoscenza, o meglio, esplorazione che ci permette di apprendere cose inesprimibili che lo stesso artista non riesce a comunicare, ma a cui allude. L'artista riesce nella sua opera proprio quando mantiene la sua attenzione orientata verso l'inesprimibile: "L'arte è conoscenza, meglio, l'arte è esplorazione. Il grande artista apprende cose che purtroppo non comunica[34]." Aggiunge ancora la Weil: "Un quadro è uno spazio infinito, limitato da una cornice; è necessario che vi sia incluso l'infinito[35]". E: "La musica più bella è quella che accorda il massimo di intensità a un istante di silenzio, che costringe chi ascolta ad ascoltare il silenzio[36]". O ancora: "Bisogna che il compositore, per primo, sappia ascoltare il silenzio[37]". La Weil si spinge ancora aldilà, poi, esplicitando un parallelismo tra l'autore di un'opera – in quanto creatore di arte, ovvero 'bellezza' – e l'Essere Supremo, colorando di misticismo le sue considerazioni: "Un'opera d'arte ha un autore, e tuttavia, se essa è perfetta, possiede qualcosa di essenzialmente anonimo. Essa imita l'anonimato dell'arte divina. Così la bellezza del mondo dà la prova di un Dio al contempo personale e impersonale, e né l'uno né l'altro[38]".

Il sentire, il pensare o il fare e l'essere sono dunque caratterizzate da una dimensione che travalica i limiti della realtà sensibile. La risultante di questa scelta prospettica va nella direzione della formulazione di una tanto possibile quanto auspicabile teoria estetica dell'esperienza, della conoscenza e dell'esistenza, che renda ragione della stessa fondatività poietico-estetico-immaginativo-trasformativa dell'essere[39].Una teoria che può trovare sia dinamiche e pluriformi applicazioni nello studio della persona, sia applicazioni trasdisciplinari (nella prevenzione, nell'educazione, nell'integrazione, nella riabilitazione clinica e sociale, nella terapia), come nel caso – per esempio – del comparto arte-terapeutico[40]. La bellezza non significa che bisogna considerare solo il punto di vista degli esteti. Esso consiste nel divertirsi con la bellezza, manipolandola e guardandola. Simone Weil parla di una bellezza che nutre, qualcosa che si sfama il popolo, come nel sacramento dell'Eucarestia, in cui si mangia il corpo e il sangue di Cristo. C'è un'affinità tra il bello e il dolore "dall'accettazione della miseria umana e dall'amarezza nasce la bellezza[41]".

Ecco che in quella bellezza che nutre proviamo anche una sorta di dolore che ci allontana ma nel frattempo sentiamo desiderio di possederla (perturbante estetico). Il desiderio di appropriazione e contemplazione a distanza, l'esperienza della bellezza si caratterizza come lacerazione vissuta. Ecco che la contraddizione prende forma nell'esperienza estetica. "L'essenza del bello è contraddizione, scandalo e in nessun caso convenienza, ma scandalo che si impone e colma di gioia."[42]

La lacerazione che prova Weil nel guardare la bellezza è pure condivisa nelle parole di un'altra autrice, Etty Hillesum, che scrive nel suo diario:

"Una volta, se mi piaceva un fiore, avrei voluto premerlo sul cuore, o addirittura mangiarmelo. La cosa era più difficile quando si trattava di un paesaggio intero, ma il sentimento era identico. Ero troppo sensuale, vorrei quasi dire troppo 'possessiva': provavo un desiderio troppo fisico per le cose che mi piacevano, le volevo avere (...) ora, d'un tratto, non è più così, anche se non so dire per quale processo interiore. Mi ricordo benissimo di come mi sentivo una volta: trovavo tutto talmente bello che mi faceva male al cuore. Allora la bellezza mi faceva soffrire e non sapevo che farmene di quel dolore. Ma quella sera, solo pochi giorni fa, ho reagito diversamente. Ho accettato con gioia la bellezza di questo mondo di Dio, malgrado tutto. Ho goduto altrettanto intensamente di quel paesaggio, ma in modo per così dire 'oggettivo' non volevo più possederlo."

Esiste dunque un essere che si perde nell'essere non. Per Simone Weil non esiste bellezza senza contraddizione; giacché l'armonia dei contrari, logicamente è impossibile da colmare. Oltre all'esperienza soggettiva di contraddizione Weil parla di una bellezza legata all'essenzialità che vuole spogliarsi di ogni bene, distaccarsi dalla materia per essere a contatto più da vicino con il dolore e la fragilità della creazione; possiamo trovare ciò nei cosiddetti folli, in chi ha ho conosciuto il dolore, nei mistici, nei geni incompresi, negli umili, nei diversi, negli ultimi, nella solitudine delle parole dei poeti, nella canzone dell'artista, nell'immagine incompiuta del pittore che disegna la bellezza e l'amore. Soltanto in essi abita l'umiltà necessaria alla nuda verità. Un linguaggio non espresso, fatto di silenzi, pause, grida che necessità di un ascolto poetico. La bellezza come opera d'arte in quanto persona va ascoltata, guardata, toccata con gli occhi e senza mani. Abituati a come siamo all'estetismo a una concezione di bellezza vuota, non ci rendiamo conto che la bellezza è un'espressione dello spirito universale, come voleva Hegel, quando vi vedeva la manifestazione sensibile dell'idea.

Nel cristianesimo questa idea si realizza nel fatto che ogni essere umano è "a sua immagine" e quindi possiede un riflesso della bellezza divina. Diciamo dunque che la bellezza della persona non si può ridurre a forme standard e neanche alla regolarità del volto o alla prestanza del corpo. Dobbiamo fondare una nuova estetica basata su una bellezza che ascolta anche l'imperfezione, l'errore tanto da ricercare la verità e il vissuto dinamico trans-disciplinare dell'opera d'arte in quanto esistenza, essere e persona, una bellezza che scava l'anima nell'anima delle cose. La bellezza dell'anima è l'anima di ogni bellezza. "Una bellezza nata dal rifiuto, dal grido inaudito, dallo strazio corporeo, dal silenzio e il movimento della parola del poeta che vive autenticamente la bellezza e l'amore nella sua solitudine".

Ecco che oggi bisogna educare chi osserva e suggerire una profondità di senso una riflessione costante, una ecologia del pensiero, della percezione ad andare oltre l'involucro delle cose. C'è una bellezza manifesta ed un'altra nascosta, velata che attende di esplodere al momento opportuno. Un po' come una crisalide che aspetta di trasformarsi in farfalla, un'idea in creazione. Questa realtà contraddittoria del bello presente nel brutto spiega anche le avanguardie artistiche che ricercano le armonie al di là delle forme tradizionali e più accreditate, quasi inseguendo l'origine, dentro e dietro la manifestazione del bello[43]. Una storia che deve farci capire, comprendere il presente e proiettarci nel futuro in un'esistenza opera d'arte non più come prodotto o effetto di un sistema di relazioni di potere e di sapere che lo precedono, portatore di una volontà che lo rende libero, che superi l'identità sociale corporea stabilita.

Derrida, Nietzsche continua Foucault a parlarci di estetica dell'esistenza per invitarci alla cura di un sé, una soggettività singolare e molteplice che assume forme diverse e che insegue la bellezza dell'individualità con le sue ombre e i suoi colori, isolata dal mondo e concentrata in un progetto di rivoluzione estetica nei confronti dell'essere, in quanto opera arte e non prodotto artistico da vendere a chi vede[44].

2.1.2 Genio e sregolatezza

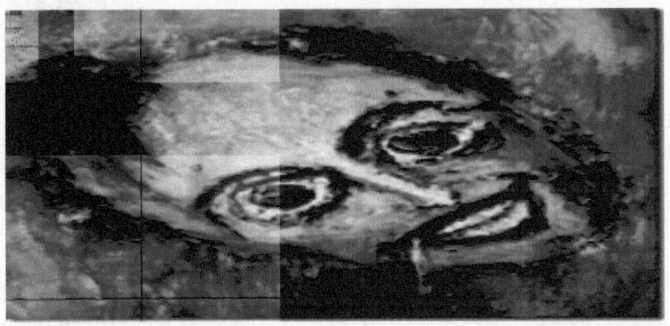

Non tutte le prigioni hanno le sbarre: molte sono meno evidenti ed è difficile evadere perché non sappiamo di esserne prigionieri. Sono le prigioni dei nostri automatismi culturali che castrano l'immaginazione, fonte di creatività.[45]

Henry Laborit

Un uomo di genio non commette errori, i suoi sbagli sono l'anticamera della scoperta.

James Joice

L'unica differenza tra me e un pazzo è che io non sono pazzo.

Salvatore Dalì

Creativo nell'arte è infatti colui che rompe le regole estetiche precedentemente formulate, e comunque è geniale a livello cognitivo colui che utilizza chiavi di lettura delle realtà inedite ed anticipative che gli consentono di vedere al di là dei consueti modelli di percezione e quindi sviluppare idee o invenzioni a partire dalla curiosità dalla intuizione che e l'inizio delle creatività in quanto permette al di elaborare visioni nuove e concezioni creative.

Per genio (dal latino *genius*, dal verbo genere, generare, creare) s'intende quella speciale attitudine naturale atta a produrre opere di importante rilevanza artistica, scientifica, etica o sociale. Tale disposizione naturale può anche essere portata alla luce con l'educazione, ma difficilmente può essere trasmessa ad altri (i figli o i discepoli dei geni molto raramente eguagliano i padri o i maestri). Il termine genio può anche genericamente indicare la persona stessa in possesso di tale eccezionale capacità.

Del genio tratta quella branca della filosofia che si occupa dell'Estetica. Nel corso dei secoli, la parola genio ha assunto significati e valenze molto diverse. In latino *genium* ha la medesima radice di *ingenium*, ingegno appunto, ovvero acutezza d'intelletto, a cui si contrappone invece lo *studium*, le capacità acquisite con un impegno lungo e laborioso. Nel Rinascimento il genio è chi, dotato di "multiforme ingegno", giganteggia sul resto dell'umanità per le sue capacità insieme artistiche e scientifiche. Tipica la figura di Leonardo da Vinci prototipo dell'intelligenza geniale.

Nei secoli XVII e XVIII, l'ammirazione e stupefazione per le scoperte scientifiche fa sì che si torni ad intendere il genio come nell'accezione rinascimentale, per cui il termine si associa a campi del sapere, genio scientifico, matematico, filosofico ecc. non più attinenti a quello specificatamente artistico che sottolineavano in passato la spontaneità del creatore:

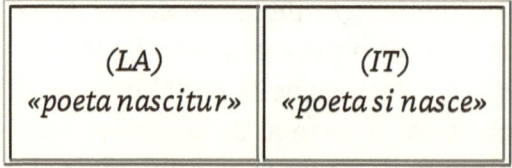

(LA)	*(IT)*
«poeta nascitur»	*«poeta si nasce»*

Immanuel Kant per primo elabora la sua concezione del genio nell'opera Critica del Giudizio, ma già precedentemente aveva osservato come nel campo della ricerca scientifica la scoperta d'importanti verità scientifiche non possa essere attribuita a un particolare genio. Nella scienza, infatti, la scoperta "geniale" è in realtà il risultato di un metodo, già elaborato da altri, che può essere insegnato o imitato. L'imitazione non ha niente a che fare con la produzione artistica geniale che non segue metodi o regole specifiche. L'artista spesso non sa neppure che cosa l'ha portato a creare la sua opera.

Nell'"arte bella" osserva Kant, non ci sono regole e imitatori, o meglio le regole sono nella natura stessa dell'artista, nelle sue capacità innate che agiscono spontaneamente, al contrario dell'"arte meccanica" che produce la sua opera dopo un lavoro d'insegnamento e apprendimento. L'artista geniale è colui che può costituire con la sua opera il modello a cui ispirarsi per altri in cui il genio è latente o, addirittura, la formazione di una scuola, non d'imitatori, ma di artisti originali e spontanei che seguano il suo esempio di capostipite della corrente artistica (esemplarità del genio).

L'originalità dell'arte quindi si deve sempre accompagnare a queste regole non scritte altrimenti si cadrebbe nella stravaganza e nel capriccio. Per questo Kant sostiene che il genio è la felice sintesi di immaginazione e intelletto, di spontaneità e regole non scritte, per cui l'artista gode di un'assoluta libertà creativa dove l'intelletto è presente ma non più come costrizione razionale, come avviene nel campo della conoscenza, ma come capacità di realizzare l'opera secondo il proprio naturale gusto estetico.

Per questo l'opera d'arte è insieme la sintesi di necessità e libertà. Per quanto libera e geniale sia infatti l'ispirazione dell'artista egli dovrà tuttavia fare i conti con le rigide regole del mondo della natura. Per quanto libera sia la sua ispirazione ed originale sia il materiale da lui usato per creare l'opera, esso tuttavia dovrà pur sempre rispondere al rigido meccanicismo delle leggi della natura. Ecco che il genio non si adatta alle regole imposte e supera con l'intelligenza, il talento, l'ironia la miseria della realtà scoprendo e cercando nuovi mondi.

La sregolatezza che accompagna il genio nasce da un'inquietudine interiore, da una sofferenza spirituale nella ricerca del sé e di Dio. Molti artisti Van Gogh, Dalì, Picasso, Modigliani, Michelangelo, poeti dalla acuta intelligenza sensibilità come Joice, Rimbaud, Baudelaire, Dickinson, Virginia Woolf e molti altri che hanno cambiato con le loro idee, parole e versi hanno contribuito a cambiare il mondo. Travolti da una duplice natura che li ha portati a sfoderare con coraggio, passione la loro genialità fino a condurre una vita stravagante, sregolata, fuori dagli schemi, fuori dai percorsi stabiliti dagli altri uomini. Proprio in quelle strade nuove è stato scritto il loro destino ricoperto di autenticità e di luce che ha illuminato il mondo[46].

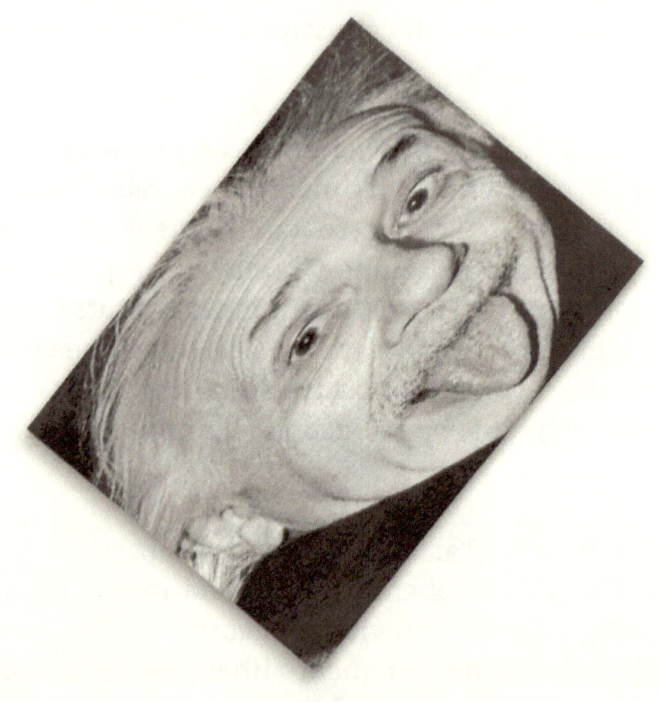

2.2 La messa in forma estetica

La messa in forma estetica dell'esperienza e della conoscenza comportano progressive trasformazioni che conducono alla ricerca di significati[47]. Questa teoria valorizza la base emozionale-immaginifico-sentimentale del pensiero. Una base poietico-estetico-trasformativa che conduce a quel pensiero che Lorenzetti ha definito: *pensiero della bellezza*[48]. Egli vede nel silenzio uno strumento di comunicazione fondamentale, poiché travalica i limiti della parola e può rendere ogni confine intersoggettivo una *soglia*, un *tramite*, un *passaggio* che inaugura l'*avvertire l'altro in quell'altrimenti tutto particolare* che promuove l'*ambiguità*, l'*incertezza*, la tensione conoscitiva del silenzio, come tensione desiderante un *altro ascolto* di sé e dell'altro[49].

Il *pensiero della bellezza* è il pensiero dell'*altrimenti* delle cose, del mondo, dell'esperienza, della conoscenza, che ha in sé proprio questo idioma che oscilla fra il sorprendente e l'indicibile, fra lo stupore e l'ineffabile[50].Nel testo *La condizione operaia* (1994, 285), Weil precisa che "il popolo ha bisogno di poesia come di pane", ma non di "poesia racchiusa nelle parole", il che significa *rendere la poesia nella vita*: fare della vita poesia, opera d'arte, destino di bellezza. Cioè che "sia la poesia sostanza quotidiana" dell'esistenza. In questa prospettiva bellezza e vita rimandano l'una all'altra, animandosi a vicenda. In tale reciprocità è collocabile l'asserzione di F. Dostoevskij che la bellezza salverà il mondo[51]. Forse il pensiero della bellezza orienta l'uomo nella qualità della propria intelligenza, e nell'uso che può farne, per salvare se stesso e il mondo. L'uomo infatti ha un destino di bellezza che è chiamato ad assolvere al fine di rendere migliore la qualità dell'esistenza propria, altrui, collettiva.

Afferma Lorenzetti: "La dimensione estetica dell'esperienza, della conoscenza e dell'esistenza è, in realtà, attivata sin dall'inizio della vita di ciascuno ed è individuabile nell'incontro del piccolo con la madre". Ne parla, per esempio, D. Meltzer (1981) nel suggerire quanto la madre possa essere per il piccolo nato un'esperienza d'intensa, emozionante bellezza che lo travolge e in qualche modo lo sconcerta, facendogli vivere un "conflitto estetico", perché la bellezza primaria del piccolo ha un duplice carattere: lo stupore e l'enigmaticità; gli aspetti esteriori della madre quali possono essere i capezzoli, gli occhi, il sorriso e via dicendo, per lui piacevoli e rassicuranti, e altre condotte della madre che non conosce e lo turbano, come l'allontanarsi della madre o i tanti cambiamenti delle espressioni del volto di lei in risposta a una diversità di emozioni che può sperimentare; comportamenti che al piccolo sono del tutto ignoti e difficili da vivere, al punto tale da provocare in lui un conflitto estetico dovuto al duplice aspetto dell'esterno della madre e del suo interno[52].

Dunque – nella prospettiva di Lorenzetti – la bellezza della vita si fa matrice dell'origine dell'esperienza di contatto con il mondo, quando questo avvio del rapporto non è messo a repentaglio da qualche particolare circostanza. Ma essa è anche un'esperienza interrogante, che spinge al desiderio di conoscenza. Che questa dimensione estetico-enigmatica sia collocabile nelle prime relazioni sé/mondo sembra avere un'implicazione estremamente interessante: l'esistenza di un campo esperienziale relazionale estetico come campo nel quale s'accende e dal quale si mette in moto una tensione conoscitiva[53].

Mutuando ancora il pensiero di Lorenzetti è possibile ritenere che, in tale linea, l'esperienza-emozione originaria di bellezza tendente all'approfondire la conoscenza che essa interroga, partecipa in maniera fondamentale alla *relazione* ed *è matrice di ogni forma di messa in forma delle relazioni*, in senso più allargato e generale: delle relazioni fra persone, vissuti, realtà, percetti, simboli, significati. Ma poiché questa stessa esperienza estetico-estatica-enigmatica di bellezza-conoscenza, che è piena di pathos, è pure esperienza Di *ulteriorità di conoscenza*, essa è portatrice di mutevolezza, di novità, di cambiamento della conoscenza stessa[54].

Emily Dickinson dice che:

Il Cuore è la Capitale della mente
La mente è uno stato singolo
Cuore e mente insieme compongono
Un singolo continente
La popolazione è uno
Numerosa quanto basta
Questa nazione estatica
Cercala – sei tu.

Qui la poetessa dà valore estatico al cuore e ai sentimenti che hanno sede nella capitale della mente. Si parla di continente persona. E l'insieme di questi continenti formano la popolazione, formano una nazione estatica[55]. Weil ci dice che la bellezza supera l'intelligenza e, dunque, questa prima esperienza di bellezza che prova il piccolo nello sperimentare l'accoglienza è primaria accensione d'intelligenza estetico – estatica su base emozionale, affettiva, sentimentale legata al sentire piacevolmente. La bellezza arricchisce l'intelligenza che a sua volta è intrisa d'amore, di fusionalità, di gestaltica connessionalità me/altro: un'intelligenza poietico-estetica.

2.3 Art brut e ribel

L'arte è pura e bella in tutti i suoi aspetti: anche una macchia di muffa oppure la cancrena del ferro può diventare una forma straordinaria. In questo senso l'arte d'avanguardia è la risco-perta dell'economia delle forme inconsce archetipiche univer-sali. Dunque ciascuno di noi attinge a questa sapienza delle forme naturali, come lettere di un alfabeto che possono com-porre infinite parole e discorsi. L'uomo ha dentro di sé questo codice di strutturazione, secondo il quale ogni organismo si costituisce e si sviluppa. Siamo una unità psicofisica, l'organi-smo psichico segue le leggi di quello fisico. Non esiste la mente malata. Per chi fa arte, per chi fa musica in maniera spontanea, esprimendosi e comunicando la sua interiorità, e quindi bio-energeticamente, scaricando le sue tensioni e dandogli corpo, l'arte è un'auto-terapia. Non ci può essere chi "fa fare arte". Ci può essere invece un mondo più o meno favorevole a per-mettere di lasciarsi andare alla spontaneità rivelatrice. Diventa necessario, allora, riconoscere la bellezza della creatività del Bambino, dell'Handicappato, dell'Artista, intendendo per bello la libertà e il piacere di esprimersi, avendo alle spalle un mondo che valorizzi la soggettività dell'espressione, non la giudichi, non la riduca ad un paragone con qualcos'altro che è definito "bello", poiché nessun'anima può essere paragonabile ad un'al-tra.

L'Art Brut è l'arte "inconsapevole", la cellula impazzita, l'inter-ruzione che crea il silenzio per riflettere, l'arte non finalizzata al mondo e neanche alla partecipazione al mondo artistico da parte di chi la produce: handicappati, detenuti, persone emargi-nate[56]. Essa è qualcosa che ha continuità con i giochi sponta-nei dei bambini che riescono a creare, con i sassi o con materiali casuali che trovano in cortile, dei mondi fantastici attraverso i quali trasformare la realtà e che per questo hanno una funzione auto-terapeutica. La creazione rappresenta una funzione naturalmente implicita nell'essere umano, che ha bisogno di giocare col pensiero, di produrre immagini e di realizzarle attraverso i materiali più vari e impensabili. La creatività è una delle manifestazioni umane più alta: articolare l'inarticolato simbolicamente. Quella che chiamiamo follia può essere quindi intesa come una risorsa vitale dell'individuo che punta tutto sulla costruzione di un mondo alternativo immaginifico proprio. "Non sofferenza – dice Stefania Guerra Lisi – ma insofferenza è la follia, insieme a tutti i comportamenti 'insensati' dei diversi"[57].

Riprendendo un pensiero di M. Foucault, "non esiste un linguaggio comune; o meglio, non esiste più; la costituzione della follia come malattia mentale, alla fine del XVIII secolo, redige il verbale di un dialogo interrotto, dà come acquisita la separazione, e sprofonda nell'oblio tutte queste parole imperfette, senza sintassi fissa, un po' balbuziente nelle quali avveniva lo scambio tra follia e ragione. Il linguaggio della psichiatria, che è monologo della ragione sulla follia, si è potuto stabilire solo su tale silenzio..."[58].

L'Art Ri-Bel – asserisce la stessa Lisi – nasce per riscattare l'Art Brut dall'emarginazione alla quale continua ad essere condannata. Nel suo scritto *"ART RIBEL nella Globalità dei Linguaggi"*, propone un'analisi che rimanda a quell'universalità dell'arte che va oltre il tempo e lo spazio e la diversità dei contesti e degli esseri umani. Si riconosce, dunque, l'estensione di tale manifestazione nell'arte di vivere secondo il principio di piacere. In tal modo, l'arte diventa autoterapia: cura della parte più profonda di sé, radice anche del mal-essere e impronta dello Spirito.

Le opere di questo genere hanno il valore di segni sensibili di un mondo interiore di protagonisti, che ci sollecitano ad una comunicazione profonda con i loro bisogni non detti, e aiutano a ritrovare il senso celato dietro quelli che, ingiustamente, sono definiti "comportamenti insensati". Comportamenti spesso informali che hanno in comune con l'arte d'avanguardia il prevalere dell'inarticolato che non vincola l'immaginazione in una forma (gestalt buona), in regole prestabilite, ma le esprime nella molteplicità dei fenomeni materici.

L'Art Brut è un'arte "ribelle", perché si ribella a qualunque canone imposto dall'esterno, non è preoccupata del giudizio o del pregiudizio. Nella raccolta d'art ribel vi sono testimonianze espressive di psicotici, che, con gli stessi vincoli e legacci con i quali, nei manicomi, venivano legati ai termosifoni, hanno creato personaggi fantastici. Bisogna, pertanto, pensare al valore auto-terapeutico e consolatorio della creazione stessa.

Ma la creatività si manifesta ad una sola condizione: la spontaneità. Se qualcuno ci intimidisce, ci preordina qualcosa, ha delle aspettative su quello che facciamo o addirittura ci induce, questo ci condiziona e ci riduce. Favorire l'espressione e la comunicazione mette la Persona in condizione di lasciarsi andare e di inventare i propri codici espressivi, così da manifestare i propri bisogni e i potenziali sommersi. Come dice in una sua stereotipia verbale un ragazzo psicotico: "L'arte non si impara, si sa"[59]. Dar un senso ai comportamenti insensati per comprendere l'unicità e l'essere della persona anche nella malattia e nel dolore. Bisogna valorizzarla nel gesto in sé, in quello che vorrebbe dire e che non riesce, nel grido silenzioso che vorrebbe. Gesti che vanno ascoltati e compresi per ridare la dignità ai cosiddetti ultimi, indesiderati, ai diversi a coloro che possono salvarci dalla disumanizzazione e al consumismo di questi tempi.

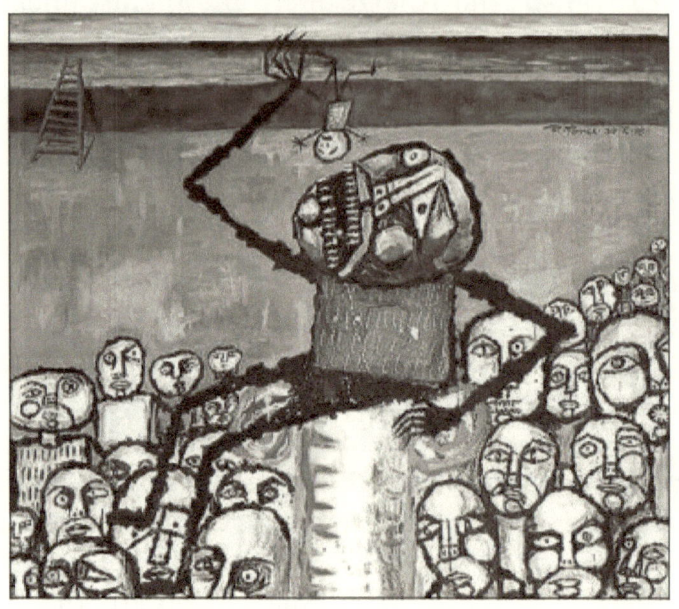

Sono la spina, sono la rosa, sono il grano che riposa

Sono il sole che tende ad asciugare lacrime amare senza di te...

Sono l'altra faccia della ragione, sono la fine di ogni passione, io sono la luna beata e confusa, io sono una stella che brilla socchiusa...socchiusa.

versi tratti dalla canzone
"Io sono" di Arianna Trainito

"Quei lavori creati dalla solitudine e da impulsi creativi puri ed autentici - dove le preoccupazioni della concorrenza, l'acclamazione e la promozione sociale non interferiscono - sono, proprio a causa di questo, più preziosi delle produzioni dei professionisti."

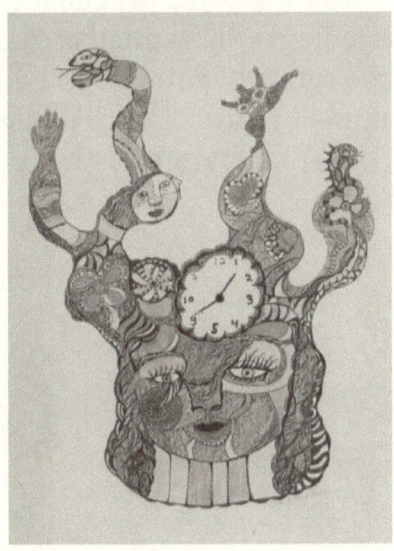

Nell'arte di Niki de Saint Phalle si intravedono i fantasmi del suo inconscio addolciti da un'ironia elegante e da una femminilità che la rende unica. Un viaggio fatto di materiale recuperato, decoupage di frasi dedicate al dolore, all'amore, di crisi esistenziali; infatti dopo il terribile esaurimento nervoso del '53 Niki realizzerà che l'arte, come terapia speciale, diventi la sua strada verso una seconda vita, per scivolare dalle convenzioni sociali e lasciare esplodere tutta la sua inquietudine e malinconia.

Lavori poco visti e che rivelano tutto un mondo di inquieta e enigmatica bellezza. Ecco che l'arte brut e ribel gridano il dolore che nessuno ha mai ascoltato. "L'omologazione... la disciplina... le regole... la velocità dei tempi... il consumismo... l'inseguimento di modelli anatomici di bellezza nella società e nella cultura ha provocato il disagio esistenziale di un'Anima e Corpo che si ritrovano soli nel mondo...

In un mondo dove vince sempre il più forte, chi ha potere, il migliore... Sembra non esserci spazio per i più fragili... per i diversi... per i cosiddetti ultimi... Attraverso il percorso di mu-

sicoterapia l'espressione corporea prende forma liberamente...
Libertà libera... la riscoperta del sé e dell'atro... l'ascolto poetico
dell'altro attraverso i suoni... i colori... gli odori... i movimenti
ci danno l'opportunità di ridare dignità e valore all'altro riflettendo noi stessi..." (Arianna Trainito)

2.4 La percezione oltre i confini (Gestalt)

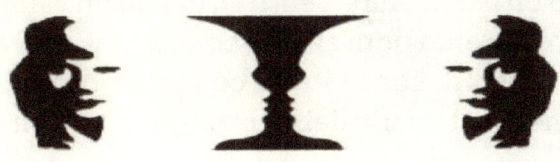

Una conoscenza nuova di tipo qualitativo apre certamente a nuovi spazi di inconoscibilità. Da cui l'importanza di poter disporre di strumenti conoscitivi che sappiano coltivare e trattare bene non solo i sentimenti di certezza e di incertezza ma anche quel sentire molto più angosciante che si incontra sulle zone di confine, in prossimità dei punti ciechi del nostro sapere. Proprio questi difficili sentimenti possono divenire un valore. Un paziente, portatore di una domanda terapeutica, diventa un soggetto che si rende intimamente conto di essere entrato in un punto cieco della propria esistenza e che desidera affrontarlo, non da solo. Il fisico Bohr prende a prestito la metafora del cieco e del bastone per segnalare alcuni problemi strutturali che anche i non ciechi incontrano nell'usare un qualsiasi strumento: se infatti - osserva - il bastone è impugnato saldamente, ciò consente sì di toccare gli oggetti che ci circondano ma a condizione che le sensazioni tattili del palmo della mano sfuggano all'attenzione; solo allora l'estremità del bastone acquisterà la qualità di organo tattile. Viene così messo in evidenza come non sia possibile osservare il proprio strumento di osservazione mentre lo si sta usando. È lo strumento di cui si dispone ciò che crea le premesse qualitative per poter costruire nuovo sapere[60].

La relazione terapeutica ha, dunque, una funzione molto importante in quanto consente di accostare con occhi nuovi situazioni talmente stereotipate che risultano difficili da vedere e da riconoscere nella loro struttura emotiva e relazionale. Quando questo particolare tipo di relazione si attiva, essa consente di rivisitare una molteplicità di dimensioni del vivere quotidiano rivalutando un particolare "sentire", dando un valore alla possibilità di provare emozioni anche sconcertanti nell'ascolto di sé mentre si è relazione con se stessi, con l'altro e con il mondo, che il corpo, o meglio il livello della corporeità, esprime tutto il suo potenziale.

A queste esigenze risponde la terapia della Gestalt[61], che lavora sul qui ed ora. Essa è infatti considerata la terapia del contatto emotivo. Si rivolge a tutti coloro che ricercano una migliore espansione del proprio potenziale latente, non un semplice star meglio, ma un "essere di più", coloro che ricercano una migliore qualità della vita. "È imparare a volare con le proprie ali, nel cielo delle emozioni, alla ricerca interiore dei bisogni inespressi."[62] Tra i fili che dalla prima metà del secolo conducono alla terapia gestaltica vi sono le considerazioni dello psicoanalista berlinese ebreo Frederick S. Perls[63], considerato il padre di tale approccio.

Tra questi vasi linfatici c'è la più viva e innovativa tradizione culturale europea del primo terzo di secolo, dalla filosofia fenomenologia ed esistenzialista, alla rivoluzionaria psicologia della Gestalt[64]. Quest'ultima, in pratica, rifiuta di suddividere l'esperienza umana nelle sue componenti elementari e tende a considerare l'interezza più che le singole componenti. Quello che noi sentiamo è il risultato di una precisa organizzazione. I medesimi principi di organizzazione guidano anche i nostri processi di pensiero. Quindi la percezione non è preceduta dalla sensazione ma è piuttosto un processo immediato, non influenzato dalle passate esperienze e deriva da una combinazione organizzata delle diverse componenti di uno stimolo. Il superamento della dicotomia Es-SuperIo, in vista di una concezione olistica non strutturalmente contrappositiva tra domande dell'individuo e risorse potenziali dell'ambiente – allorché meccanismi di autolimitazione –, non interferisce sulle capacità dell'individuo di divenire consapevole dei suoi bisogni (reali e non sovraimposti) e della spinta a soddisfarli.

Tale possibilità viene ovviamente ostacolata da situazioni di nevrosi collettiva in cui l'individuo non si sviluppa in una dimensione che lo aiuta a identificare e soddisfare i suoi elementari ed autentici bisogni, perseguitato com'è da un'immagine di sé falsamente idealizzata che gli impedisce di confrontarsi con la sua più autentica e realistica natura[65].

2.5 Lacan, la Klein e i surrealisti

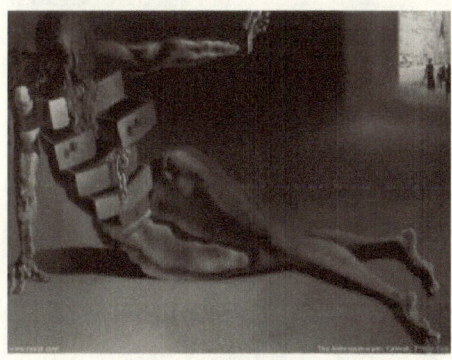

Salvatore Dalì, *Tra cielo e terra*

*Ciò che è in basso è come ciò che è in alto
e ciò che è in alto è come ciò che è in basso.*

E. Trismegisto

Lungi dall'allontanarsi dai solchi tracciati da Freud, in merito all'approccio psicoanalitico, il dibattito internazionale da lui continua a prendere le mosse. La necessità di una distinzione tra il modello evolutivista e quello strutturalista coincide con la comparsa dell'insegnamento di Jacques Lacan. Egli fu uno degli studiosi che, sotto l'influenza culturale dello strutturalismo linguistico, operò un ritorno ai testi freudiani, riattualizzandoli al contempo nella cultura e nella clinica del suo tempo, grazie al confronto e allo scambio continuo coi colleghi di altre scuole e con studiosi di altre discipline. Nella sua elaborazione, il contributo teorico–clinico di Melanie Klein costituisce un riferimento fondamentale per quanto concerne l'inizio della sua teorizzazione dell'oggetto che causa desiderio, gratificazione ma al contempo anche angoscia. Ambedue gli Autori, infatti, fanno dell'angoscia un momento chiave della strutturazione soggettiva, un passaggio doloroso ma anche necessario[66].

Fin dal primo Seminario[67], Lacan pone particolare rilievo al contributo tratto da un articolo di Melanie Klein[68], considerato di grande insegnamento in relazione alla tecnica utilizzata nella conduzione della cura di un bambino affetto da psicosi infantile. Lacan mette in luce come Melanie Klein, nel caso del piccolo in questione, decifri i giochi del bambino con gli oggetti come se si trattasse di libere associazioni con le parole, aiutandolo così ad uscire dalla sua indifferenza autistica verso tutto ciò che lo circondava per sviluppare un interesse verso cose e persone, ovvero facendo nascere per lui l'Altro simbolico. Lacan valorizza, inoltre, l'articolazione di Melanie Klein sull'oggetto primordiale[69] e trova che possa essere di insegnamento rispetto alla nozione freudiana di sublimazione[70].In questo lavoro di progressiva definizione dell'oggetto pulsionale Lacan riprenderà, però, non solamente quanto articolato da Freud ma anche la ricerca sul carattere svolta da Wilhelm Reich.

Lacan come Freud pone attenzione allo studio dell'inconscio considerandolo desiderio che diventa linguaggio. Riprendendo la concezione di Saussurre – secondo cui la lingua e i segni sono autonomi rispetto alle prestazioni linguistiche individuali – il linguaggio dell'inconscio è il discorso dell'Altro rispetto al soggetto conscio. Alle due modalità della condensazione e dello spostamento, individuate da Freud nell'analisi dei sogni, corrispondono la metafora e la metonimia, che secondo Jakobson sono gli assi portanti di ogni lingua. In particolare, la metafora è la condensazione in una singola parola o immagine, mentre la metonimia, ossia il denominare una cosa con il nome di un'altra, con la quale essa è in relazione di dipendenza o di continuità, è analoga allo spostamento, cioè alla sostituzione di un'idea o immagine con altre associate ad essa.

L'analisi e la terapia psicoanalitica non devono mirare a potenziare l'Io, cioè la dimensione conscia, ma consentire l'accesso alla verità dell'inconscio. La verità, infatti, risiedendo nell'inconscio, è anonima, non è oggetto di un sapere posseduto dall'Io; anzi, il sapere, in quanto dominio di un oggetto, si oppone, secondo Lacan, alla verità. Solo la psicoanalisi, operando una riduzione dell'Io, può lasciare che la verità parli, anche se mai nella sua interezza. Il soggetto o Io, secondo Lacan, non è il dato originario della vita psichica dell'individuo, ma il risultato di una costruzione. La prima tappa è costituita dallo stadio dello specchio, studiato da Lacan già prima della guerra.

Tra i sei e i diciotto mesi, il bambino arriva a riconoscere la propria immagine riflessa nello specchio e elabora un primo abbozzo dell'Io, ma all'interno dell'immaginario, ovvero entro una relazione duale di confusione tra sé e l'altro. Tale identificazione è primaria, matrice di tutte le altre, per esempio con la madre. Rispetto alla specularità dei desideri della madre e del bambino viene a interporsi la figura paterna e con essa l'interdizione dell'incesto (l'Edipo), su cui si fondano l'ordine simbolico e la civiltà. Il padre, infatti, rappresenta *la figura della legge*: la sua parola produce la rimozione del desiderio della madre. Ciò vuol dire – secondo Lacan – che l'ordine simbolico, ovvero il linguaggio, si fonda sulla rimozione dell'immaginario, ossia su una scissione fra psichismo inconscio e conscio.

Con l'accesso all'ordine simbolico si accede, al tempo stesso, alla società e alla cultura, necessarie al sorgere della soggettività. Il simbolico è il luogo dell'inconscio impersonale, dove sono depositati i simboli linguistici e sociali, privi di significazione, finché non s'incarnano in un individuo. Il soggetto conferisce significato a questi simboli, accentrandosi intorno a un'unità immaginaria, il Me, ossia facendo perno sull'immagine di sé, che estrania l'Io in un'alterità idealizzata e conferisce al mondo un carattere antropomorfico. L'inconscio, infatti, non ha un centro e quindi anche l'uomo è eccentrico e perde la propria unità nel momento in cui si riconosce nell'alterità della sua immagine esteriore, nella quale vengono a stratificarsi le sue identificazioni ideali.

Secondo Lacan, è impossibile la ricomposizione dell'Io col Me: tra essi si colloca l'immaginario della pulsione di morte. Analogamente resta inattingibile il reale in sé, perché in mezzo c'è sempre il simbolico: il divieto paterno, spostando la pienezza del legame con la madre, ha fatto sì che si desidera ciò che non si ha, cosicché il reale diventa lo scopo irraggiungibile, che perpetua eternamente il desiderio.

Partendo dalle associazioni automatiche che Freud aveva usato in analisi per interpretare i sogni, si cercò di liberare l'inconscio attraverso l'automatismo nell'arte. I surrealisti, a tal proposito, tentavano di contattare l'inconscio e di farlo esprimere direttamente, senza l'intermediazione delle categorie culturali, estetiche, sociali, morali convenzionali. Si voleva che l'inconscio si rendesse visibile realizzando la sua trascrizione immediata. Così si alterarono i canoni stessi della produzione artistica o le sue condizioni, componendo o dipingendo ciò che era emerso nel sogno o ciò che poteva affiorare in stato ipnotico, automatico, di trance o comunque in stato alterato di coscienza, escludendo qualunque forma logica, grammaticale, metrica o procedurale consueta, ma anzi forzando il mezzo stesso con procedimenti casuali e innovativi e con l'accettazione di contenuti nuovi e rivoluzionari.

L'inconscio doveva parlare direttamente col suo linguaggio, il suo codice simbolico, le sue associazioni, le analogie, le correlazioni. L'estetica surrealista rientrava nell'attacco alla ipocrisia borghese, perché ciò stava nel DNA della gioventù del tempo. Tra l'altro, in questo periodo gli artisti europei cominciano a interessarsi delle creazioni dei bambini, dei malati di mente, dei primitivi, tutti più vicini all'inconscio dell'uomo civilizzato, dunque capaci di manifestarlo con maggiore immediatezza, senza le sovrastrutture alienanti della civilizzazione.

L'oggetto prevalente nei surrealisti fu il sogno. Il sogno non promana dall'emisfero razionale ma ha un proprio linguaggio evocativo che non è logico ma analogico, svincolato dalla normale concatenazione degli eventi o degli oggetti. Proprio perché è un linguaggio visionario e analogico, lega gli elementi della realtà così da trascenderla e fare di essi solo degli indicatori di qualcosa che sta oltre. I surrealisti, dunque, intendono l'arte come espressione dell'inconscio. Per questo le loro vie risultano produttive in psicoanalisi e usano forme espressive in cui non si dà alcuna valutazione estetica all'opera o alcun controllo logico o formale o morale o di altro tipo convenzionale, ma solo si ascolta e si guarda e si partecipa. Lo scopo è manifestare gli stati psichici e, attraverso l'arte, liberarli e sanarli[71].

Il surrealismo è stato un movimento intellettuale, che ha coinvolto arti visive, letteratura e cinema, nato negli anni Venti a Parigi. La caratteristica comune a tutte manifestazioni surrealiste è la critica radicale alla razionalità cosciente, e la liberazione delle potenzialità immaginative dell'inconscio per il raggiungimento di uno stato conoscitivo "oltre" la realtà (surrealtà). Il Surrealismo è certamente la più 'onirica' delle manifestazioni artistiche, proprio perché dà accesso a ciò che sta oltre il visibile. La fede surrealista si manifestò spesso come ribellione alle convenzioni culturali e sociali, concepita come una trasformazione totale della vita, attraverso la libertà di costumi, la poesia e l'amore.

La critica si divide su dove collocare il punto finale del movimento surrealista: sicuramente, la fine della Seconda guerra mondiale (1945), e la morte di Breton (1966) hanno segnato dei punti di svolta importanti nella storia del surrealismo, che però continua ancora oggi ad essere una realtà artistica vitale.
Il movimento surrealista è di gran lunga il più longevo fra le avanguardie storiche, e la sua diffusione capillare in tutto il mondo ha reso la sua storia molto variegata rispetto a movimenti circoscritti nel tempo e nello spazio come il dadaismo o il futurismo. Il Surrealismo è quindi un processo automatico

che si realizza senza il controllo della ragione e fa si che l'inconscio, emerga e si esprima divenendo operante, viene così raggiunta quella realtà superiore in cui veglia e sogno si conciliano in modo armonico. Fra i pittori che aderirono al movimento ricordiamo, J. Mirò, M. Ernst, S. Dalì, G. de Chirico, R. Magritte.

Quest'ultimo, in particolare, crea immagini di grande impatto emotivo proprio perché da una parte propongono le incongruenze di un mondo scomposto e ricomposto e dall'altra vengono paradossalmente dipinte con didattica semplicità. Egli gioca con il rapporto tra immagine naturalistica e realtà, proponendo quadri nel quadro che hanno lo stesso identico aspetto della realtà che rappresentano, al punto da confondersi con essa.

Di notevole suggestione poetica sono gli accostamenti e le metamorfosi: accosta, sospesi nel cielo, una nuvola ed un enorme masso di pietra, trasforma gli animali in foglie o in pietre. Il suo surrealismo è dunque uno sguardo molto lucido e sveglio sulla realtà che lo circonda, dove non trovano spazio né il sogno né le pulsioni inconsce e spesso nasce dalla confusione che egli opera tra l'insanabile distanza che separa la realtà dalla rappresentazione.

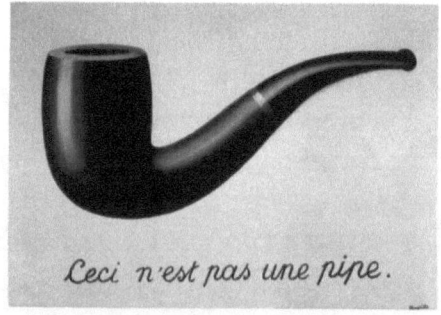

Renè Magritte, *La pipa*

Le immagini vanno viste quali sono,
amo le immagini il cui significato è sconosciuto
poiché il significato della mente stessa è sconosciuto.[72]

Renè Magritte

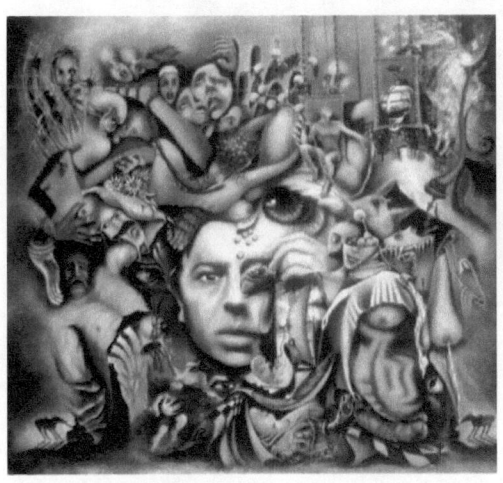

Andrè Breton, *Il canto della sirena*

Surrealismo è automatismo psichico puro mediante il quale ci si propone di
esprimere sia verbalmente, sia per iscritto o in altre maniere, il funzionamento
reale del pensiero; è il dettato del pensiero con l'assenza di ogni controllo esercitato
dalla ragione, al di là di ogni preoccupazione estetica e morale.[73]

Andrè Breton

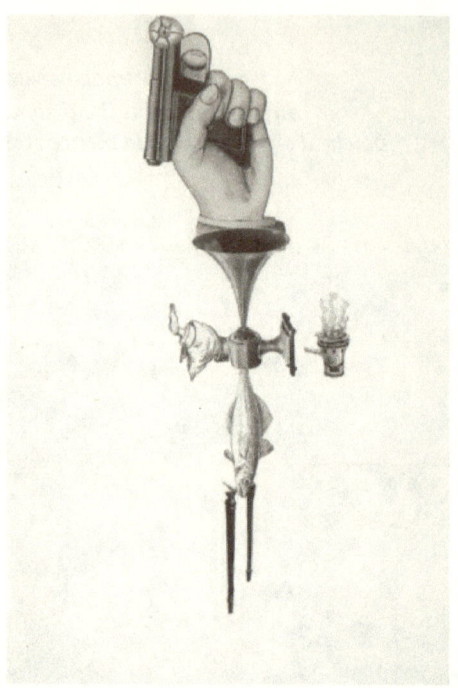

Andrè Breton, *Sparare a caso sulla folla con una pistola*

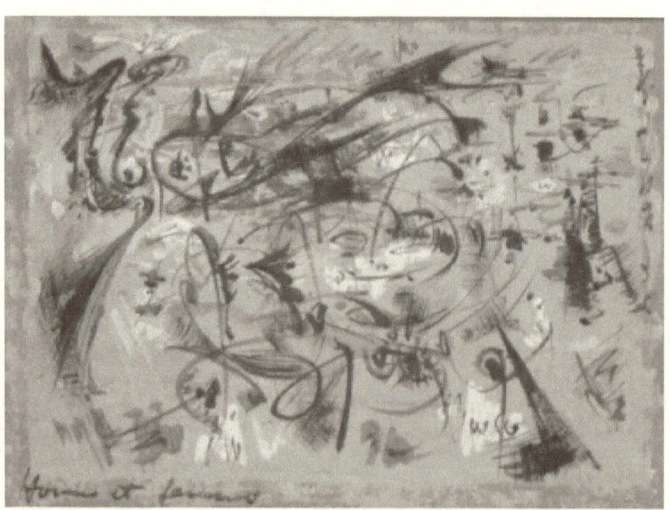

Andrè Breton, *Uomo e donna*

Nello stato di crisi attuale del mondo borghese, di giorno in giorno più cosciente della propria rovina, io credo che l'arte d'oggi debba giustificarsi come conseguenza logica dell'arte di ieri e al tempo stesso sottomettersi, il più spesso possibile, a un'attività d'interpretazione che faccia esplodere nella società borghese il suo dissidio.[74]

Andrè Breton

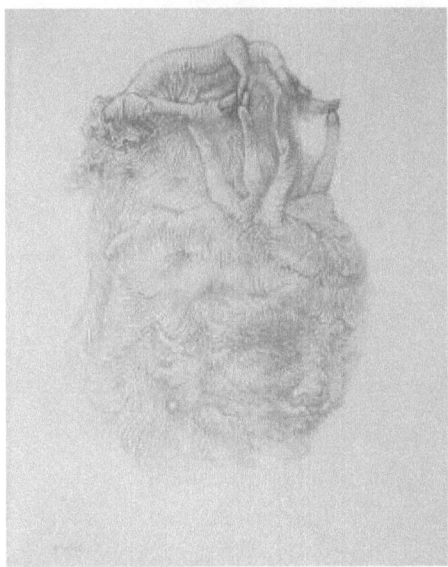

Andrè Breton, *Il surrealismo*

Capitolo Tre

Creatività CreAttività
& il Pensiero Laterale

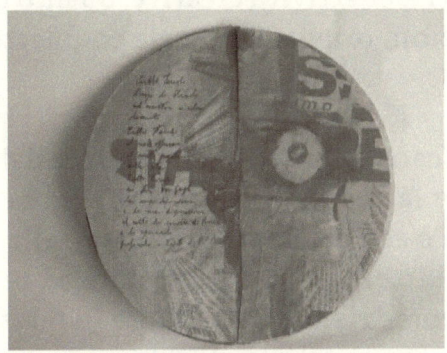

Donato di Poce, *I percorsi nascosti della CreAttività*

La creatività è uno stato di vitalità esistenziale, comune ad ogni essere umano, sia esso bambino o adolescente o adulto. Il bambino e l'adulto, che vivono creativamente, giocano entrambi, riempiendo con i prodotti della propria immaginazione e con l'uso dei simboli, lo spazio tra sé e l'ambiente. Il gioco del bambino e la vita culturale dell'adulto nascono nella stessa area e allo sviluppo di quest'ultima è legato il loro stesso destino o, meglio, la loro qualità. Così Winnicott intende sviluppare l'idea secondo cui l'atteggiamento ludico e creativo verso il mondo, come mezzo per utilizzare l'intero potenziale della propria personalità, di venire a contatto col proprio vero Sé, non ha età: "*io considero alla stessa stregua il modo di godere altamente sofisticato della persona adulta rispetto alla vita, o alla bellezza o all'astratta in-*

ventiva umana, e il gesto creativo di un bambino, che tende la mano alla bocca della madre, e che tocca i suoi denti, e la vede creativamente. Per me, il giocare porta in maniera naturale all'esperienza culturale e invero ne costituisce le fondamenta" [75].

Gioco e creatività conducono dunque alla "rimozione di barriere interne"[76] e la fantasia è necessariamente la premessa per l'atto creativo. Ciò dà nuova luce, pertanto, a ciò che comunemente rientra nella categoria di 'errore', poiché finisce di essere tale per rivestirsi di originalità. L'essere creativi risulta, tra l'altro, vantaggioso per l'uomo. Non si tratta semplicemente di essere 'portati' per attività creative, quanto di essere capaci di trovare soluzioni originali, non già codificate, a problemi e situazioni[77].

"Il fantasticare (caratteristica fondamentale del processo creativo), così come la capacità di provare ancora stupore – dice Winnicott[78] – è essenziale nel processo della creatività". Essere creativi, inoltre, comporta imparare ad utilizzare le proprie emozioni come risorse per entrare in relazione sia con se stessi che con l'altro, con il mondo esterno; imparare a vedere le cose da diversi punti di vista, esplorare strade prima non considerate, sviluppare fiducia nelle proprie e altrui potenzialità.

Prima degli anni '50 del secolo scorso, pochi studiosi e autori si erano dedicati allo studio della creatività. Successivamente autori come Guilford[79]contrappongono al pensiero logico le potenzialità dinamiche e produttive del pensiero creativo. Accanto al pensiero convergente-verticale (logico–deduttivo), che aveva caratterizzato la ricerca scientifica del passato, individua un pensiero divergente o laterale meno vincolato a schemi rigidi ed in grado di produrre strade alternative.

La creatività è uno dei mezzi principali attraverso quali l'essere umano si libera dai vincoli e dalle sue scelte abituali. La creatività non è soltanto originalità e libertà ma impone anche delle regole e costrizioni. Usa metodi diversi da quelli del pensiero comune ma deve rispettarlo e far si che esso comprenda il suo percorso creativo. Un'opera creativa non deve essere fine a se stessa ma essere considerata in relazione all'uomo. L'opera creativa ha duplice funzione: quella di scoprire nuovi mondi arricchendo l'uomo e l'intera comunità. Una poesia, un quadro, una canzone ci permettono di conoscere il visibile in ciò che è sconosciuto.

La creatività è:

- libertà, è essere se stessi al mondo;

- capacità di esprimere un pensiero originale;

- capacità di vedere nuovi rapporti, di produrre idee e intuizioni insolite che aprono quindi nuovi orizzonti.

E ancora la creatività è un modo libero di vedere e sentire il mondo e di stabilire nuovi rapporti tra le cose; un insieme di attitudini e capacità riferibili a qualsiasi campo dello scibile e dell'agire umano. La Creatività può essere definita come l'attitudine a rompere gli schemi tradizionali di risposta attraverso la libertà. La Creatività è progettare, è gettare in avanti (gettare-pro).

Vediamo altre definizioni della creatività:

- Erich Fromm: capacità di vedere e di rispondere.
- Rollo May: processo che porta qualcosa di nuovo nell'esistenza.
- Kahlil Gibran: avere idee è raccogliere fiori, pensare è fare ghirlande.
- Umberto Galimberti: carattere saliente del comportamento umano, particolarmente evidente in alcuni individui capaci di riconoscere, tra pensiero ed oggetti, nuove

connessioni che portano a innovazioni e cambiamenti.

Essere creativi è imparare ad utilizzare le proprie emozioni come risorse per entrare in relazione sia con se stessi che con l'altro, con il mondo esterno; imparar a veder le cose da diversi punti di vista, esplorare strade prima non considerate, sviluppare fiducia nelle proprie e altrui potenzialità. La capacità di provare ancora stupore è essenziale nel processo della creatività. (D. Winnicott).

In tanti hanno cercato di capire il processo creativo suddividendolo in varie fasi. Joseph Wallas riteneva che il processo creativo si suddivide in quattro stadi: preparazione, incubazione, illuminazione verifica.

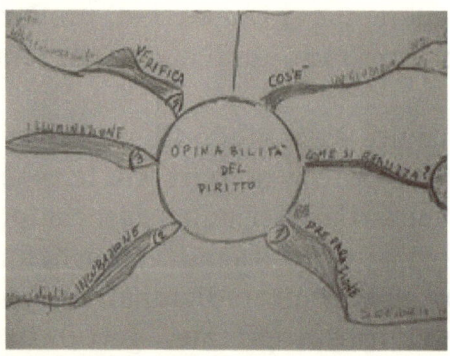

La persona creativa durante la prima fase di preparazione cerca di raccogliere più materiale possibile lasciando la mente libera di spaziare verso nuovi mondi. Nello stadio dell'incubazione tra il periodo della preparazione e quello dell'illuminazione il materiale che viene raccolto e successivamente immagazzinato necessità di una elaborazione che può variare da pochi minuti a mesi e anni. È solo attraverso la risoluzione del problema che la persona creativa raggiunge l'illuminazione. Essa è la fase più commovente, dove poco prima vigeva la confusione e l'oscurità, ora le soluzioni e le idee appaiono e affluiscono con chiarezza, può essere un'intuizione improvvisa, o una visione chiara, o una sensazione, qualcosa tra un'impressione e una soluzione, altre volte invece è il risultato di uno sforzo prolungato; la verifica chiude questa sequenza; essa è necessaria affinché la soluzione possa superare la valutazione critica dell'innovatore o di un gruppo. In questo momento avviene la messa a punto definitiva del prodotto creativo, in tutti i suoi particolari.

Il cervello è la componente principale del sistema nervoso umano. Il cervello lo si può rappresentare come l'unione di tre strati sovrapposti:

1- il **cervello automatico** che presiede alla regolazione delle funzioni fisiologiche di base (battito cardiaco, respirazione, ecc..) e che abbiamo in comune con i rettili (da qui la definizione "cervello rettile");

2- il **cervello emozionale** che governa le reazioni emotive e istintive e che deriva dai primi mammiferi insettivori;

3- il **cervello razionale** localizzato essenzialmente nella corteccia, che copre le rimanenti masse cerebrali come un mantello ricco di scissure e circonvoluzioni, e costituisce una formazione tipica dei mammiferi superiori.

Il cervello è diviso in due emisferi, sinistro e destro, che controllano ciascuno la metà opposta del corpo.

Sperry in alcune ricerche neurofisiologiche sul funzionamento dei due emisferi cerebrali, disconnessi tra di loro per resezione del corpo calloso, e dallo studio delle loro funzioni separate, ha scoperto l'asimmetria di funzionamento degli emisferi cerebrali[80].

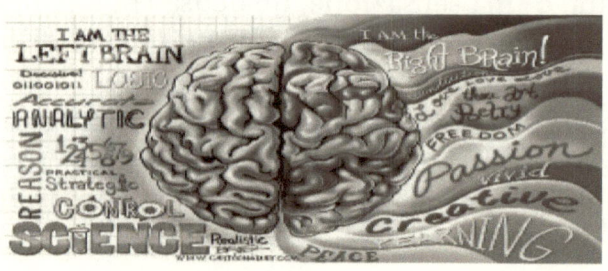

Gli studi ci dicono che l'emisfero sinistro (detto pratico-scientifico) governa le funzioni che regolano l'analisi, il ragionamento, la linearità, la progressività, ecc., in pratica le funzioni razionali. L'emisfero destro (detto magico-artistico), invece, presidia le funzioni di sintesi, l'intuizione, la sensazione, le immagini, la globalità, l'istantaneità, ecc. L'educazione soprattutto nelle culture occidentali spinge a sviluppare maggiormente le funzioni dell'emisfero sinistro, bloccando i processi d'immaginazione dell'emisfero destro.

L'emisfero destro-magico coglie la realtà come una "arborescenza": vale a dire che intorno, per esempio, ad una parola convergono associazioni di altre parole, altre immagini.

Altre abilità specifiche dei due emisferi sono le seguenti:

Emisfero sinistro (pratico) - Emisfero destro (magico)

Prevede/prepara il futuro - Immagina/crea il futuro

È reattivo/si adatta al cambiamento - È attivo/causa il cambiamento

È preveggente/anticipa - Progetta/dà origine

Stabilisce le finalità/focalizza i risultati - Immagina, si focalizza sui sogni

Si pone obiettivi/specifica gli esiti - Crea storie/propone situazioni

È sistematico/è strutturato - È inventivo/fantastica

Così, per sviluppare la nostra attitudine creativa, tutto ci spinge a cominciare ascoltando la voce della spontaneità, senza per questo delegarle tutto il potere. Anche qui, dobbiamo restare nell'utile dialettico di entrambi gli emisferi. La capacità creatività dipende dalla plasticità neuronale e dall'interscambio equilibrato di informazioni tra i due emisferi (bilanciamento). Usare le potenzialità di entrambi gli emisferi fornisce un mix abilità efficaci.

Lo sviluppo della creatività consente di pensare fuori dagli schemi noti e di raggiungere conclusioni nuove adatte a risolvere un problema o a cogliere un'opportunità, attivando appunto quella parte del cervello "generatrice" di un pensiero "diverso". Noi viviamo in una società che predilige le funzioni logiche dell'emisfero sinistro (processi secondari) mentre rifiuta in larga misura quelle qualità spontanee, intuitive ed artistiche che sono proprie dell'emisfero destro (processi primari). I poteri dell'immaginazione, della visualizzazione creativa, della fantasia vanno sempre più atrofizzandosi.

Questo implica un cambio di "atteggiamento", un superamento dei blocchi che ostacolano la propria capacità creativa. Il fantasticare è una caratteristica fondamentale del processo creativo. Nei momenti in cui fantastichiamo noi non pensiamo a nulla. Le nostre intuizioni sono più fluide. Mac Cready ha condotto notevoli sfide sulla creatività e sostiene che a volte i momenti dove noi più creativi possono essere i momenti più impensabili (sotto la doccia, mentre si fa la barba, mentre passeggiamo) perché riusciamo a rilassarci, può essere utile per la nostra creatività.

Nolan Bushnell, fondatore della Atari, dice: "Le sole grandi idee che abbia mai avuto mi sono sempre venute fantasticando, ma la vita moderna sembra far di tutto per tener la gente lontana da questa attività". In ogni momento della giornata la tua mente è occupata e controllata da qualcun' altro. A scuola, al lavoro quando guardiamo la televisione: bisogna riuscire a staccarsi da tutto questo e buttarsi su una poltrona e infilarsi nell'auto con la radio spenta e poi lasciare la propria mente libera di fantasticare.

Le migliori idee che ho avuto mi sono venute tutte mungendo una vacca.

Grant Wood, pittore

La creatività ha tre ingredienti fondamentali: le abilità di campo. Molte persone hanno una predisposizione per qualche cosa in particolare; il talento è un'inclinazione naturale a produrre grandi cose in un particolare campo; ma se non viene educato anche il talento muore. Il secondo ingrediente è la capacità di pensare in modo creativo, quindi immaginare diverse e molteplici possibilità costo di ribaltare le cose nella propria mente. L'ultimo elemento fondamentale è la passione che riscalda ogni cosa e che fonde ogni cosa. È uno stato di innamoramento quindi una sintonia emotiva con qualcosa afferma Howard Gardner.

Nella cultura occidentale soprattutto in Italia la creatività è sempre stata ostacolata. Le culture asiatiche hanno una prospettiva diversa. La creatività proviene da una fonte più' profonda che non il pensiero innovativo. Il pensiero è limitato ecco perché conviene spingersi oltre il pensiero che arriva da lontano, dall'intuizione. Per far riferimento alla creatività si usa metaforicamente l'immagine dell'acqua. L'acqua scorre fluida, si adatta a tutte le circostanze. Scorre come un fiume ma se incontra una roccia le passa attorno, l'acqua riempie un bicchiere, purifica e lava.

Be water my friend.

Bruce Lee

Howard Gardner sosteneva che non si accinge solo dalla conoscenza e dalla padronanza che ha del proprio campo ma prende qualcosa anche dal modo di essere dei bambini, quel tipo di domande che pongono loro, quel modo di risolvere i problemi, quella spontaneità che l'adulto creativo non deve perdere nel tempo.

C'era un bambino che usciva ogni giorno. E il primo oggetto che osservava, in quello si trasfondeva, e quell'oggetto diventava parte di lui per quel giorno per parte del giorno o per molti anni o vasti cicli di anni i primi lillà divennero parte del bambino e l'erba e i convolvoli bianchi e quelli rossi, e il bianco e il rosso trifoglio, e il canto del saltimpalo gli agnelli marzolini, la rosea figliata della scrofa, il vitello e il puledro.
La chiassosa nidiata dell'aia o del pantano vicino allo stagno e i pesci così stranamente sospesi, e il bel liquido strano, le piante acquatiche dalle graziose cime piatte; tutto questo divenne parte di lui.[81]

Walt Whitman

Il bambino si inventa e si reinventa, esplora, in quel suo primo scarabocchio che chiama cagnolino, scopre il piacere di plasmare un pezzo d'argilla dandogli una forma. Il seme della creatività è già nel bambino di pochi mesi. Lui ha l'impulso di esplorare, manipolare e osservare gli oggetti. Quando crescono i bambini creano nel gioco universi di realtà. Un'oggetto insignificante può acquistare molteplici forme e significati. I genitori hanno un ruolo fondamentale per lo sviluppo della creatività; sia nell'ambiente domestico, sia nei confronti della scuola. Incoraggiare un figlio alla creatività è salvarlo da un mondo donargli un atteggiamento libero nei confronti della vita. Ecco perché le famiglie, le istituzioni dovrebbero creare una educazione, pedagogia della creatività che valorizzi le potenzialità del bambino nascoste e latenti.

Durante tutta l'infanzia e l'adolescenza il cervello e il sistema nervoso centrale continuano a svilupparsi. Intorno agli 8 anni le ossa del cranio si saldano racchiudendo il cervello nella scatola cranica. Dobbiamo far notare che durante la nascita e tutta l'infanzia il cervello ha molti più neuroni. Verso la pubertà il cervello subisce la potatura nel quale milioni di connessioni neurologiche muoiono mentre altre vengono conservate per tutta la vita.

I neurologici ci insegnano che i tracciati elettroncefalografici di un preadoloscente in stato di veglia sono ricchi di onde teta. Nell'adulto, queste onde sono molto più rare e si manifestano più spesso durante lo stato ipnagogico ossia in quella zona crepuscolare, ai confini del sonno, in cui sogni e realtà si fondono. Pertanto, nel bambino, la consapevolezza tipica dello stato di veglia è paragonabile a uno stato della mente che gli adulti sperimentano principalmente nei momenti, simili al sogno, durante i quali cadono addormentati. Questo può spiegare come la realtà sia naturalmente disposta ad abbracciare mondi curiosi e bizzarri ingenui e terrificanti. Nel bambino la consapevolezza in stato di veglia è più aperta a percezioni nuove e idee fantastiche. Con la pubertà, il cervello del bambino cambia e finisce per rassomigliare a quello di un adulto. Le onde cerebrali di tipo teta si fanno meno frequenti e l'inclinazione a una creatività senza freni, tipica dell'infanzia, comincia a venir meno. Ci sono individui, tuttavia, che continuano ad attingere dalla ricchezza degli stati teta anche quando sono più maturi.

I killer della creatività: le pressioni psicologiche, le regole, il superego, la morale.

Sorveglianza: significa incombere sui bambini, osservarli continuamente questo distrugge l'impulso creativo.

Valutazione: significa infondere un'eccessiva preoccupazione. I bambini non devono preoccuparsi di come sono valutati dagli altri o da quello che pensano gli altri.

Ricompense: la ricompensa e il premio non fanno altro che deprivare il bambino del piacere intrinseco nell'attività creativa.

Competizione: arrivare a un traguardo, dove si vince e si perde e soltanto uno vincerà. Ecco che viene a mancare l'unicità e l'individualità dell'essere che vorrebbe seguirli proprio ritmo vitale.

Eccessivo controllo: consiste nel dire ai bambini come cosa devono fare, gestendo la vita del piccolo in ogni suo momento si rischia di far crescere un bambino insicuro e con un potenziale creativo soffocato: quindi l'originalità diviene una forma d'errore e ogni esplorazione una perdita di tempo.

Limitare le scelte: significa dire ai bambini quale attività dovrebbero intraprendere invece di lasciarli andare dove li porta il cuore e la passione.

Pressione: consiste nel creare aspettative grandiose intorno alle aspettative di un bambino. Ad esempio l'istruzione formata che costringono piccini a malapena in grado di reggersi in piedi a imparare l'alfabeto creando una vera avversione. Un altro nemico è il tempo negato. Infatti dare spazio e coltivare i propri talenti e le inclinazioni in tempo limitato, determinato, organizzato al raggiungimento di obiettivi specifici indetti dall'esterno. Quante interruzioni, quanti blocchi vengono creati nel momento in cui il piccolo gioco e ama ciò che fa. Quante espressioni "Dai su andiamo. Smettila, andiamo, non fare così, hai sbagliato, sei grande non fare il bambino". C'è una cultura della velocità e del consumo che ti fa correre più di una macchina che vuole non farti ascoltare la propria voce, il proprio ritmo, che vuole confonderti e assorbirti nel grande allineamento e crescita economica ma morte creativa.

Intelligenza e creatività: bisogna comprendere che la maggior parte dei bambini ha un talento, un'inclinazione spontanea per qualche attività particolare. La creatività quindi è una capacità singola, una tendenza a essere originali applicabile a qualsiasi attività.

A differenza dei test di valutazioni per valutare l'intelligenza (q.i.), i ricercatori dubitano che possa esistere un test di valutazione creativa. Uno dei test adottati nelle scuole per valutare la creatività dei bambini è chiedere quanti impieghi diversi riesci a immaginare per...? Gardner sostiene anche lui che non esiste un test per misurare la creatività, ma bensì dovremmo osservare il modo in cui i bambini reagiscono allo stimolo. Gardner sostiene che la base della creatività è fornita a ciascun individuo dalla propria intelligenza: un bambino sarà più creativo nei campi in cui è più dotato. Gardner identifica sette intelligenze principali:

Intelligenza linguistica

L'intelligenza linguistica è quella che viene utilizzata dai poeti scrittori e oratori e coloro che amano il linguaggio in ogni sua espressione. un modo per valutare questo tipo di intelligenza nelle scuole è far inventare ai bambini loro delle storie. Si può creare uno scenario con personaggi immagini, oggetti casalinghi, luoghi misteriosi. Non tutti i bambini sono in grado di finire una storia o vogliono farlo.

Intelligenza logico-matematica

È un'intelligenza che appartiene ai matematici, agli scienziati a tutti coloro che lasciano governare la propria vita dal ragionamento. Per verificare la presenza di quest'intelligenza egli mostra ai bambini che mescolando due sostanze di diverso colore se ne produce uno terzo, se cercano di produrre altre combinazioni di colori o di capire come sono state ottenute. Quando si tratta di capire le abilità numeriche, il problema è quello di stabilire se un bambino ha una capacità intuitiva per i numeri.

Intelligenza musicale

Coloro che amano la musica e hanno una certa confidenza con le note e con la loro combinazione hanno un'intelligenza musicale. In Mozart questa abilità fiorisce in modo precoce. Gardner sostiene che bisogna capire i talenti dei piccoli e coltivarli fin da piccoli a Giocare con i suoni e creare le proprie melodie .la Montessori aveva preso in considerazione una serie di campanelli. Gardner sosteneva che giocando con quei campanelli i bambini esplorano il mondo del suono: imparano a distinguere quello più grave da quello più acuto.

Intelligenza spaziale

Questa intelligenza permette di comprendere il modo in cui gli oggetti si posizionano nello spazio, quindi di individuare le proprie capacità visivo-spaziali. Nello scultore e nel pilota esempio queste capacità sono più sviluppate. Un altro è quello di riuscire a immaginare un'oggetto visto dai diversi lati oppure montare e rimontare oggetti. Infatti scopriamo che alcuni bambini sono abili nel lavorare congegni meccanici. Secondo Gardener con queste abilità non è detto che si diventi scienziati anche se Einstein aveva immense capacità spaziali. Furono esse a consentirgli di servirsi di un "esperimento di pensiero" nel quale immaginò di viaggiare su un raggio di luce, per arrivare alla sua tesi fondamentale sulla relatività.

Intelligenza corporea –cinestetica

Considera il corpo come la sede di una forma d'intelligenza. Nella tradizione occidentale si è sempre fatto distinzione tra mente e corpo. Gardner crede che ci sono persone che hanno la capacità di usare tutto il corpo oppure alcune parti di esso (mani, gambe) quindi il comprendere relazioni causa–effetto. La maggior parte dei bambini comincia a utilizzare il corpo per risolvere i problemi, ragionare con il corpo. Come esempio i ballerini, gli atleti, ballerini, attori.

Intelligenza interpersonale

Accanto alla divisione corpo. Mente abbiamo quella di associare l'intelligenza alla conoscenza del mondo delle idee. La capacità di comprendere gli altri, di saper come lavora con loro prendersi cura di loro, guidarli, è fondamentale per sopravvivere nell'ambiente. Quindi possedere una sensibilità verso gli altri. Nel gioco, nel fare musica, nel raccontare storie molti bambini possiedono questa capacità anche se vogliamo naturale di leadership, la capacità di guidare e decidere le attività del gruppo oppure l'abilità di appianare situazioni difficili. Quindi la comprensione degli altri, capire cosa vogliono, cosa sentono, ha un ruolo fondamentale. Questo dono creativo può essere utile ai movimenti sociali. Es. Gandhi, Martin Luther King che riuscirono con questa dote ad alleare un popolo cacciare il nemico senza violenza ma con la coalizione.

Intelligenza intra-personale
Usata nel capire se stessi, chi siamo, che cosa ci fa essere come siamo, come cambiamo nel tempo.

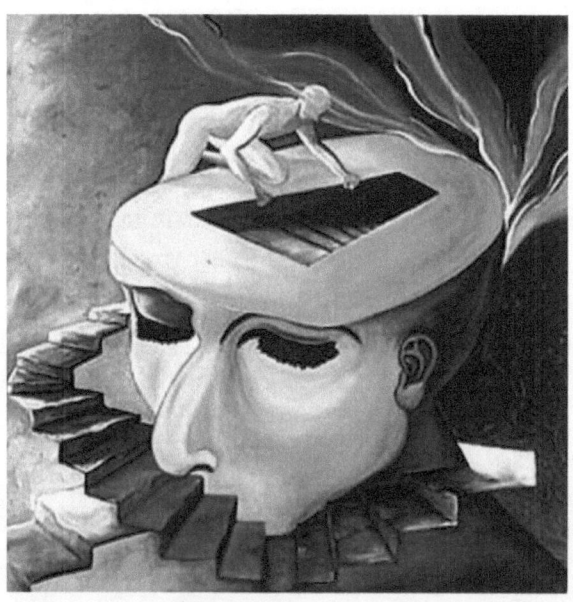

Il Pensiero Laterale

Il termine *Lateral Thinking* è stato coniato negli anni '60 da Edward De Bono per contrapporlo al pensiero verticale.

Il soggetto creativo come il sognatore e lo schizofrenico sembrano accedere al processo primario.

$$1+1=11$$

Il cavaliere errante

*In principio era il verbo, e il verbo era presso la creatività,
e il verbo era la buona novità.*

L'attenzione alle parole, al loro significato e alle immagini che scaturiscono dal loro incontrarsi è, credo, l'esperienza più bella che l'essere umano possa fare. Da una parte un cavaliere, che ci immaginiamo forte e valoroso, coraggioso e impavido, bello e in cerca di avventura, dall'altra l'errare, che per definizione indica lo sbaglio, il vagare senza meta e senza direzione. Il cavaliere errante, fa venire alla mente, oltre al celebre Don Chisciotte di Cervantes, l'incontro tra la forza e la voglia di cambiare il mondo, e il movimento, costante e senza tregua.

L'errare, che potrebbe essere visto negativamente, accompagnato al cavaliere indica dunque il desiderio di non stare mai fermi, di non riposare mai, di cercare sempre avventure in cui fare valere le proprie doti e le proprie qualità, anche a costo di doversele immaginare e inventare con la fantasia.

Si tende spesso ad affiancare al Cavaliere errante anche la parola utopia, parola molto pericolosa in quanto sottintende l'esistenza di una realtà unica e universale, spesso e volentieri dura e senza troppe possibilità. Il Cavaliere errante, con la sua utopia vana e illusoria, cerca invece di sconfiggere questa dura realtà rendendola migliore ma, per definizione, non ce la potrà mai fare, perché verrà sconfitto dalla stessa realtà.

Sembra quasi, seguendo il pensiero che sto cercando di tracciare, che se da una parte il Cavaliere errante rappresenta una speranza per la nostra società, dall'altra costituisce anche l'illusione e l'impossibilità di fare qualcosa di diverso. Non è forse questa la forbice all'interno della quale sono chiamati a resistere anche i nostri giovani? Sospesi tra il desiderio di fare valere i propri talenti nell'intento di cambiare il mondo e la pesantezza della "vita reale" che continuamente gli ricorda che quel desiderio è un'utopia. Poco alla volta i giovani smettono di errare, e la società si felicita per questa loro scelta, se così la si può chiamare, senza rendersi conto che proprio questo fermarsi rappresenta una sconfitta per tutti. A volte, la realtà si adopera in tutti i modi, anche attraverso l'utilizzo degli psicofarmaci, per fare terminare l'errante viaggio ai giovani, considerando questo camminare senza meta uno sbaglio a priori.

Invece, è proprio in quel camminare, in quel girovagare in cerca di avventure e di situazioni che possano mettere alla prova e fare fruttare i propri talenti, che i giovani devono essere spinti. Sono erranti, ma sono anche Cavalieri, e allora non bisogna fermarli, anche se questo può apparentemente fare stare più tranquilli. L'utopia, di cui troppo si parla nella contrapposizione con la realtà, altro non è che un'invenzione che ha l'unico effetto di impedire il viaggio. Bisogna invece esortare i giovani a viaggiare, ad errare, a mettere in gioco quello che portano con sé, perché solo in questo modo essi potranno davvero scoprire i loro desideri ed essere felici, contribuendo così anche al miglioramento della nostra società. Nel viaggio ci si scopre e si cresce, nello stare fermi si perde una grande occasione.

Un ambiente creativo in varie direzioni artistiche può offrire svariate risorse comunicative. Passione e curiosità iniziale sono doti.

Ingredienti essenziali; esperienza in un'area specifica, le abilità di campo. Capacità di pensare in modo creativo che comporta la capacità di immaginare tutta una gamma di possibilità diverse... capacità di ribaltare le cose nella propria mente.

Passione motivazione intrinseca.

La creatività si realizza nel processo di interazione con gli altri. Le persone creative si abbandonano al rischio. La persona creativa si muove sempre un paio di passi avanti agli altri, nell'oscurità. Chiunque riesce a vedere ciò che è in luce. Chiunque sa imitarlo, sottolinearlo, modificarlo e riplasmarlo. Ma i veri eroi son quelli che esplorano le tenebre dell'ignoto ed è proprio lì che scopri "altre cose". Le cose nuove, proprio come per un bambino appena nato, non hanno nome e a volte sfuggono alla descrizione. molto spesso succede così anche con le idee, quelle che creiamo mentre siamo nelle tenebre. L'oscurità è importante: come è importante il rischio a cui è associata. Una persona che non abbia mai commesso un errore non ha mai cercato di fare qualcosa di nuovo[82].

Nella risoluzione creativa di problemi un errore è un esperimento dal quale imparare, un'informazione preziosa che ci indica che cosa potremmo tentare la prossima volta. Spesso si esita perché si ha paura di compiere un errore, ma se non si corre qualche rischio e non si sbaglia mai, non si impara nulla né si può fare qualcosa di insolito o innovativo. Il momento creativo non può essere forzato, arriva spontaneamente quando le circostanze sono quelle giuste. La maggior parte delle grandi figure creative della storia non si dedicava a un unico progetto, una ne seguiva molti contemporaneamente. Quando si scontravano con qualche ostacolo in uno di essi, lo mettevano momentaneamente da parte e passavano a occuparsi di qualcos'altro.

La capacità di vedere le cose in varie modi è utili ai fini del processo creativo. In profondità, tutti i nostri atti creativi rivelano chi siamo in quel momento. È necessario un adattamento e l'espressione di sé. Ogni persona attinge non solo dalla conoscenza e dalla padronanza che ha del proprio campo, ma prende padronanza che ha del proprio campo, ma prende qualcosa anche dal modo di essere bambini, da quel tipo di domande e problemi con cui essi si confortano in continuazione, ma che la maggior parte di noi si è lasciata alle spalle insieme agli altri aspetti dell'infanzia. Picasso si chiedeva: che cosa possiamo fare se prendiamo un'oggetto e lo rompiamo e frantumiamo in molte parti? Ciascuna parte potrebbe essere inizio per altre creazioni trasformato in altre creazioni (dall'errore creativo ad altre creazioni). Creare-Distruggere-Destrutturare-Ricostruire-Ri-strutturare.

Le esperienze creative che facciamo durante l'infanzia modellano gran parte di ciò che faremo poi da adulti. La creatività fiorisce quando le cose sono fatte per il piacere di farle. Ciò che conta è il piacere (a fare) non la perfezione. "La creatività consiste nel mantenere nel corso della vita qualcosa che appartiene all'esperienza infantile: la capacità di creare e ricreare il mondo. È l'onnipotenza del pensiero proprio dell'età infantile"[83]

Il processo creativo coinvolge attivamente i sensi e le emozioni ed è qualcosa che va vissuto, non semplicemente riprodotto. L'origine della creazione sta sull'esperienza: si vive non solo l'atto della creazione, ma occorre anche permettere a quell'atto di emozionare. La creatività si organizza nel favorire risposte e situazioni sconosciute, nel produrre le energie per esplorare mondi interni ed esterni, per ottenere cambiamenti, per superarsi e per modificare forme arcaiche e di pensiero e comportamento. Essere creativi è imparare ad utilizzare le proprie emozioni come risorse per entrare in relazione sia con se stessi che con il mondo esterno, è imparare a vedere le cose da diversi punti di vista, esplorare strade prima non considerate m sviluppare fiducia nelle proprie potenzialità. La creatività si organizza nel favorire nuove risposte a situazioni sconosciute, nel produrre le energie per esplorare mondi interni ed esterni per attuare cambiamenti, per superarsi e per modificare forme arcaiche di pensiero e comportamento.

La creatività è quindi un mezzo per sviluppare nuove capacità, per imparare a ricevere pensieri e idee che creino nuovi modelli dell'essere personale. Essa incrementa la curiosità intellettuale, ossia l'apertura all'esperienza; alla flessibilità mentale e all'immaginazione. Sviluppa in ogni soggetto la libertà, permettendo alle idee, alle forme e ai colori di fare irruzioni.

> *La capacità di provare ancora stupore è essenziale nel processo della creatività.*

> D. Winnicott

Cenni sulla globalità dei linguaggi

La globalità dei linguaggi va intesa come modalità relazionale che favorisce l'espressione con tutti i suoi linguaggi verbali e non verbali in una panoramica che mette al fuoco l'aspetto terapeutico e pedagogico delle arti. Il corpo è sede di memorie sulle quali si impernia lo stile di ogni persona. È necessario tutelare il rispetto e lo sviluppo della personalità dell'altro ed è fondamentale considerare questi due valori che permettono di dar senso anche ai" comportamenti insensati" quali messaggi e di sviluppare i potenziali umani. tutto questo si traduce in capacità di osservazione dei comportamenti psico–senso–motorie e programmazione dinamica per raggiungere due obiettivi inscindibili: la riconquista di fiducia nel piacere riattivando l'ascolto sensoriale, e lo sviluppo della personalità, nell'individuazione e compiacimento della propria identità attraverso quello delle proprie tracce espressive.

La globalità dei linguaggi permette di unificare i vari punti da prendere in considerazione per una relazione costante con un nucleo centrale che è la sinestesia. L'essere umano infatti ha la facoltà innata di coinvolgere tutti i sensi in interazione anche se ne viene attivato uno soltanto: processo involontario di associazioni per analogia. Questa sorta di tessitura invisibile ma sentita prende il nome di sinestesia ed è uno degli aspetti più personali che hanno a che fare con la storia individuale di ognuno e lo rendono unico e irripetibile. Lavorare su questi aspetti dell'umano aiuta a comprendere l'importanza di certe risorse che egli possiede e che soprattutto nei momenti di maggiore difficoltà riemergono per innescare un processo reattivo e di "ri-animazione". Questa forma strategica di attaccamento alla vita è una competenza di tutti in tutti i casi e diventa Arte di vivere per le molteplici modalità con le quali si fa sentire e si manifesta.

La sinestesia è pura creatività che agevola la persona a sentirsi vitale e non subordinata. L'Arte è una competenza comune a tutti e proviene dall'interiorità, per questo motivo non si può pensare di insegnarla o di impararla. È qualcosa che preme da dentro; è l'aspetto più autentico che ci distingue l'uno dall'altro ma che ci accomuna per la possibilità di esprimere i propri moti d'animo con modalità spontanee e libere da modelli schematici.

Per questo la traccia artistica è il segno di qualcosa che ci "riguarda": un rispecchiamento della propria storia nel mondo. A cominciare dallo scarabocchio si comprende come il segno in se stesso costituisca una modalità archetipica dell'energia vitale in conformazione, esprimibile mediante una Estetica-psico-fisiologica di cui anche il segno ne fa parte. Un semplice stimolo percettivo ha la facoltà di attivare la rappresentazione immaginifica tipica dell'essere umano che si diletta a tracciarla e a "disegnarla".

L'uomo sa di sapere e questa consapevolezza è la fonte di un ritorno piacevole che lo rende creativo. Intesse ragnatele di sensazioni, tracce inarticolate che corrispondono a moti d'animo sempre pronti a delinearsi informe aperte al cambiamento in un flusso ininterrotto e inarrestabile di possibilità grafico-cromatiche.

Lo Scarabocchio

Lo scarabocchio è all'inizio un evento cinetico che provoca piacere motorio e visivo, un'espressione dei movimenti della mano e del braccio sostenuti da un'attività globale di tutto o di una parte del corpo in cui non interviene il fattore intellettivo se non l'intenzione di lasciare una traccia.[84]

Anna Oliverio Ferraris

Il lattante fin dai primi giorni di vita osserva la realtà che lo circonda, a pochi mesi d'età si accorge che alcuni oggetti lanciati o trascinati contro le superfici producono delle tracce, capisce ben presto che è possibile raggruppare cose come penne, gessi, matite ecc. in categorie d'oggetti che lasciano tracce precise. La scoperta della traccia è fondamentale, il lattante si rende conto che un suo movimento dell'apparato respiratorio origina una traccia sonora che egli è in grado di udire e che possono udire anche gli altri. Il successo lo incoraggia a ripetere l'azione, per l'aspetto piacevole che ha per lui e per gli effetti che ha sulle altre persone.

Il bambino *piccolo* comprende rapidamente la differenza che esiste fra le tracce sonore e quelle grafiche, comprende che le prime svaniscono immediatamente, mentre le seconde sono evidenti, più durature, permangono a lungo al di fuori della persona che le ha provocate, testimoniando la sua presenza. "È attraverso lo scarabocchio del suo primo anno di vita che il bambino traccia simbolicamente la sua individualità[85]"

Il segno per il bambino è una modalità più immediata di comunicazione rispetto al simbolo, perciò le figure e i gesti sono quasi sempre più efficaci delle parole per esprimere uno stato d'animo o per comunicare agli altri un avvenimento vissuto.

È generalmente ad un anno d'età che il bambino prende in mano la matita, i primi segni sono più il prodotto di colpi che il bambino dà sul foglio (tanto da provocare dei buchi), che la volontà di produrre dei segni grafici. Il controllo motorio del bambino è ancora molto limitato, mentre la sua carica d'energia e d'entusiasmo è grande.

Sei mesi dopo che il bambino ha iniziato a scarabocchiare scopre la relazione fra i suoi movimenti ed i segni ottenuti. Verso i 16-18 mesi si differenzieranno due attività grafiche: la scrittura e il disegno. Il bambino è affascinato dal suo scarabocchiare disordinato, che rappresenta per lui una forma di gioco, un piacere puro fino a sé stesso. Fra i due e i tre anni il bambino incomincia a dare un nome ai suoi scarabocchi, mostrando di voler attribuire dei significati al mondo circostante.

Fase di sviluppo dello scarabocchio

La Kellog (1970) ha identificato quattro stadi per lo sviluppo delle capacità grafiche spontanee dai primi segni dei bambini di meno di 2 anni alle rappresentazioni grafiche di quelli di 5 anni che cominciano a copiare gli schemi offerti dalla società. Prima di questa età ogni bambino attraversa i quattro successivi stadi utilizzando le proprie percezioni ed attività personali senza influenze esterne, senza copiare la realtà che lo circonda.

Il primo stadio è detto *Stadio dei modelli* (2 anni) è caratterizzato dalla produzione di:

• **Scarabocchi Elementari**: sono semplici segni (linee singole, multiple, zig-zag, spirali cerchi imperfetti ecc.) espressione di variazione della tensione muscolare che non richiedono controllo visivo.

• **Modelli di Organizzazione**: consistono nelle differenti modalità di utilizzate dai bambini nel collocare gli scarabocchi sul foglio di carta (centrale, orizzontale, diagonale ecc.).

Il secondo stadio è detto *Stadio delle forme* (2-3 anni) è caratterizzato dalla produzione di:

• **Diagrammi**: sono i primi segni realizzati dal bambino che possiedono una organizzazione interna e consistono in linee singole utilizzate per formare croci, triangoli, ovali e altre forme che vengono disegnate utilizzando come riferimento i bordi del foglio. I bambini disegnano i diagrammi combinandoli fra loro o con scarabocchi semplici.

• **Forme Diagrammatiche Emergenti**: costituiscono un livello di transizione prima dei diagrammi, sono disegnate senza usare come riferimento il bordo del foglio, non presentano ancora forme definite.

Il terzo stadio è detto *Stadio del disegno* (3-4 anni) in cui il bambino raggiunge la capacità di unificare tra loro i Diagrammi per formare delle combinazioni. I disegni più diffusi in questo stadio sono i soli, i radiali formati da 2 o più croci centrati sullo stesso punto. Il bambino a questa età non scarabocchia più solo per il piacere del movimento o per sentire la resistenza della matita sul foglio, ma per rappresentare sensazioni interne vissute intensamente.

L'ultimo stadio è quello *Pittorico* (4-5 anni) è lo stadio del disegno rappresentativo. Il bambino comincia a disegnare simultaneamente figure umane, animali, edifici, vegetazione e mezzi di trasporto, combinando fra loro e differenziando le forme dei precedenti stadi. I primi disegni non sono basati sull'osservazione di oggetti o persone dell'ambiente del bambino, ma sono composizioni estetiche frutto di un precedente lavoro: una graduale evoluzione dai primi scarabocchi fino al disegno rappresentativo.

A diciotto mesi il bambino è costantemente centrato su di sé e fa cose che sente di dover fare indipendentemente da ciò che gli altri pensano o desiderano. A quattro /cinque anni, inizia a fare cose che gli altri approvano o si aspettano da lui, cerca di controllare i propri impulsi. La successione cronologica degli stadi è orientativa sono frequenti regressioni o salti in avanti che dipendono dalla differenza individuale di ogni bambino e dalla stimolazione ambientale a cui è sottoposto.

Lo sviluppo della capacità rappresentativa dipende sia dallo sviluppo dell'apparato motorio, sia dallo sviluppo della percezione, che alla nascita è parziale e che si affina con l'età la scarsa abilità motoria non spiega del tutto il suo particolare modo di disegnare. Il bambino trae un grande piacere dalla scoperta del funzionamento congiunto della triade: occhio, cervello, mano.

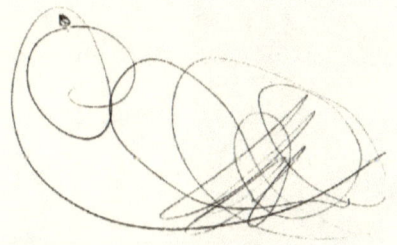

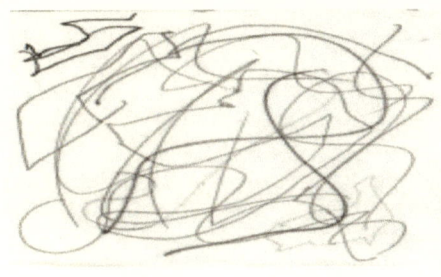

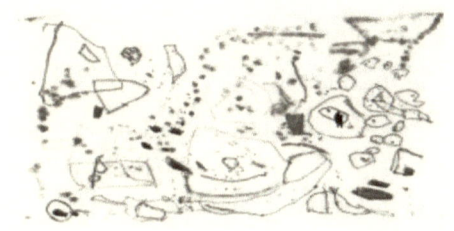

3.1 La CreAttività e il Pensiero Laterale

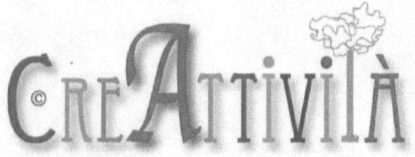

La CreAttività è un concetto pervasivo che può essere adottato indifferentemente nei più disparati campi di attività dell'essere umano e che permea il suo stesso modo di essere e di agire. È un modo libero di guardare e sentire il mondo e di stabilire nuovi rapporti tra le cose ma soprattutto applicarle in forma estetica nella forma più alta che appartiene alla poesia e allo spirito infantile e sognatore dell'essere. un insieme di attitudini e capacità riferibili a qualsiasi campo dello scibile e dell'agire umano. Un'opera creativa non può essere fine a se stessa ma va considerata necessariamente in relazione all'uomo. Essa svolge infatti la funzione di scoprire nuovi mondi arricchendo l'uomo e l'intera comunità. Una poesia, un quadro, una canzone ci permettono di conoscere il visibile in ciò che è sconosciuto. In ciò è possibile riscontrare l'azione della mente umana nel processo creativo.

La Poesia è un respiro CreAttivo
Nascosto tra il cuore di chi lo scrive
E il cuore di chi lo vive.

Donato Di Poce

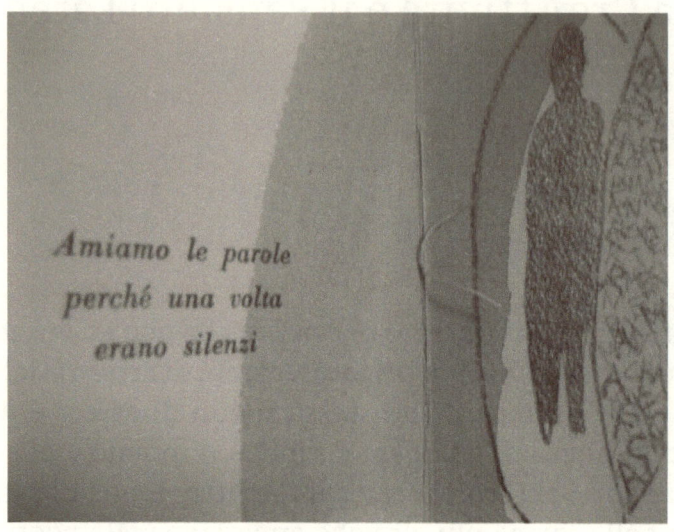

Donato di Poce, *Taccuino d'artista*

In tal senso si può parlare, con un neologismo suggestivamente allusivo di Donato Di Poce, di "Cre-Attività".

La CreAttività manipola cose, idee ed emozioni
Ma attenzione quando si ha a che fare con le persone.

Le persone non sono oggetti
Né giocattoli d'abbandonare sulla sabbia.

Soprattutto non sono passive
Ma spesso al di là di ciò che la vita
Concede loro di vivere
Sono anime disabitate
Labirinti sconosciuti di bellezza
Costellazioni d' Idee sconosciute.

Ed è a quelle anime
A quei labirinti
A quelle Idee
Che noi dobbiamo parlare.

Conoscere, Sviluppare, Sperimentare, Agire sono i quattro pilastri della crescita della nostra consapevolezza CreAttiva. Così, egli stesso, in uno dei suoi scritti[86], codifica la sua idea di processo creativo indicandone i punti salienti, di seguito riportati.

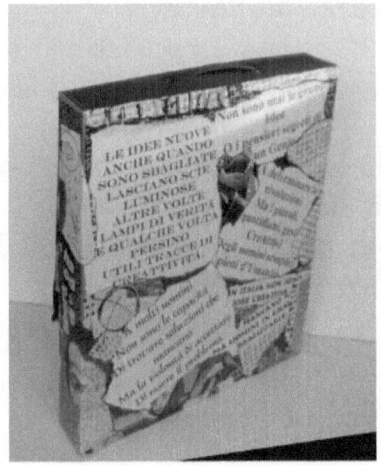

Fotografia di Donato di Poce, Milano.

Il Manifesto della CreAttività

"Ho camminato a lungo
Tra le pagine dell'infinito
Poi un giorno mi sono seduto
Sui gradini dell'Immaginazione
E ho scritto un libro"

1. Riprenditi il bambino che è in te
Fai uscire e rivivere il bambino che c'è in te, rispondi di "Sì" al desiderio di "toccare" e "sperimentare" la tua vita.
La vita è un "gioco" molto serio.

2. La vita è adesso, innamorati della vita ogni giorno.
Ricordati di vivere il presente,

come se ogni momento fosse l'ultimo della tua vita.
Vivilo con intensità e passione
qualcosa resterà in te e a chi vive intorno a te.
Guarda e ascolta il mondo come se fosse la prima volta.
Innamorati della vita.
Guarda e ascolta oltre il tuo desiderio.
Esplora i tuoi gusti e regalati un po' di tempo ogni giorno.
Vivi intensamente un tuo interesse, un tuo hobby CreAttivo.

3. Guardare non è vedere, cerca la bellezza ovunque
Più bellezza cerchi più bellezza trovi,
più ispirato ti sentirai e più CreAttivo sarai.
Il desiderio di bellezza attira la CreAttività.
La bellezza è ovunque basta guardare più a fondo,
guardare più in là, avere attenzione
e godersi il piacere delle piccole cose.

4. Accetta le tue emozioni autentiche e vivi la tua Rêverie
Sogna ad occhi aperti, impara ad esprimere le emozioni.
I sensi, le intuizioni e le emozioni sono segnali preziosi,
non frenarli ma impara ad esprimerti e a comunicare.

5. Prenditi cura e nutri la tua anima CreAttiva
Tieni un diario delle tue emozioni,
studia e frequenta le persone CreAttive.
Leggi libri e vai a vedere mostre,
trova una cosa bella da fare ogni giorno
e documentala, scrivila, dipingila, fotografala, etc.

6. Sii sempre te stesso sii sempre autentico
La strada della felicità è una sola: diventare sempre più te stesso.
Abbandona le maschere e i falsi valori.
Fai quello che ti piace e ti fa star bene. Diventa te stesso.
Questo renderà uniche, autentiche
e degne di essere vissute le tue giornate.
Apri la porta del tuo cuore al mistero

e alla magia che la vita ci concede.
Steve Jobs diceva "Non lasciare che altri vivano i tuoi sogni".

7. Impara e Osserva invece di giudicare
Prova a vivere la azioni degli altri senza nessun tipo di giudizio,
praticando la pura osservazione.
Il giudizio è il peggior nemico della creatività.
Non denigrare e non invidiare la CreAttività altrui.

8. Impara a collegare le cose e Sii curioso!
Pratica la danza delle Idee,
impara a collegare le cose, le idee, le persone i fatti.
Poniti problemi e cerca di risolverli.
Impara ad avere dubbi e stupirti delle relazioni tra le cose.

9. Sii CreAttivo, passa all'azione!
Programma del tempo per la tua creatività,
pianifica un obiettivo e poi passa all'azione.
Hai fantasticato finora su progetti bellissimi?
Ora agisci la tua CreAttività.
Non avere paura di sbagliare o di fare cose banali.
Abbandona le certezze,
Osa...e ricorda che alcune delle migliori idee,
sono nate per caso o per errore.
Non avere paura di agire controcorrente.
La CreAttività è la via del fare tra l'essere e il divenire.

10. Inventa e vivi la tua vita e socializza la tua CreAttività.

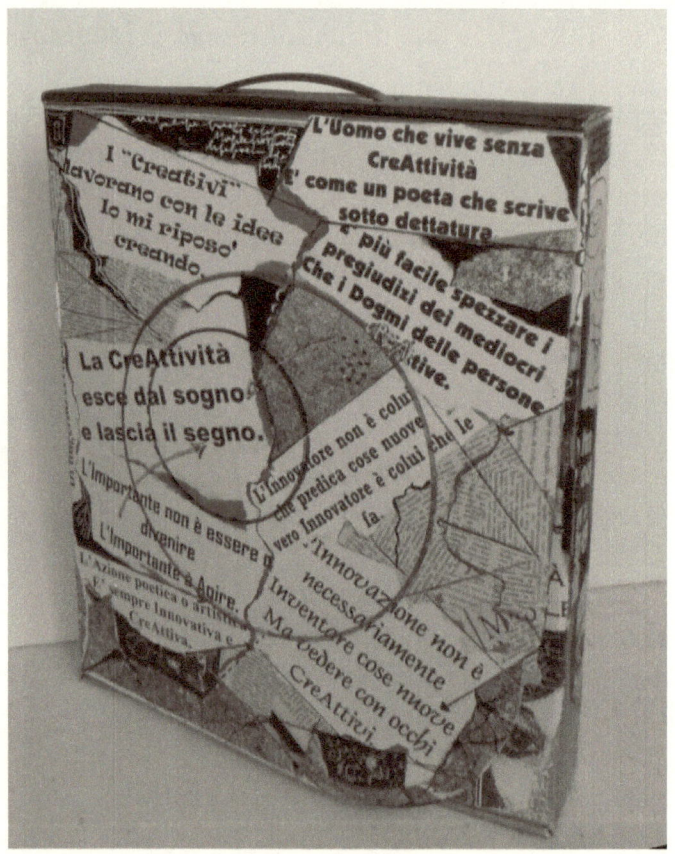

Donato di Poce, Milano

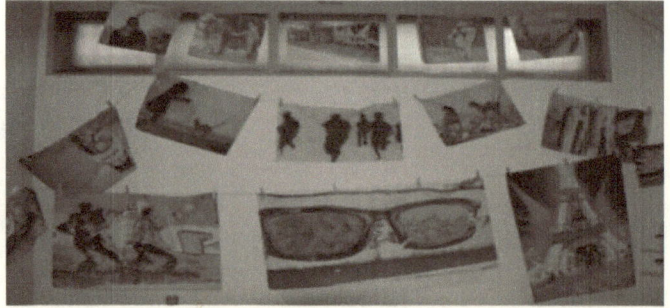

Donato di Poce, *Taccuino d'artista*

Credo che la forza della fotografia, la sua energia creativa e sociale, il suo surplus comunicazionale dipenda dal fatto che sia un medium emozionale che ci mette a contatto con ciò che sta fuori di noi, con la realtà altra, ma che sentiamo e riconosciamo, intima. Io credo che, in ultima istanza, che la fotografia, come la poesia, hanno molto a che fare con l'intimità. Ho sempre considerato la fotografia un atto di complicità con il mondo, un atto predatorio ma creativo, in quanto il fotografo come il poeta vuole catturare attimi, visioni, per svelare realtà nascoste e salvare qualcuno o qualcosa dalla diaspora del tempo, vuole catturare attimi di eternità, frammenti di bellezza per restituirli a una visione collettiva a una socializzazione delle emozioni.[87]

Donato Di Poce

La danza della CreAttività

Io non devo dimenticare
Che sono stato nuvola e radice
Che ho ascoltato e detto preghiere in silenzio
Che ho urlato al mondo
La mia rabbia e il mio dolore.

Io non devo dimenticare
Chi si dimentica di me
Chi nel segreto della sua solitudine
Mi ha amato in silenzio
Senza dirmi nulla
Senza farmelo pesare.

Io non devo dimenticare
La complessità del mondo
E il vento leggero della CreAttività
I colori del magma vulcanico
E i blu profondi del mare.

Io non devo dimenticare
Di aprire le porte dell'Anima
E le finestre della mia mente

E lasciare che altri banchettino
Con i miei pensieri innamorati
E le mie scintille di CreAttività.

Io non devo dimenticare
Di ascoltare il silenzio
E la musica degli errori
Dentro il rumore della vita
E guardare oltre i limiti
Della bellezza che so riconoscere.

Io non devo dimenticare
Le trame di luce dei poeti
E il respiro CreAttivo
Di chi mi strinse al petto con amore.

Io non devo dimenticare
Perché so che appena inizio a ricordare
Comincio ad amare
Persino il ricordo dell'amore
E nel mio cuore inizia
La Danza della CreAttività.

Il libro "Scintille di CreAttività" nasce in uno dei momenti più CreAttivi della mia vita, in cui sembra iniziata dentro me una danza delle arti e una trasversalità e molteplicità poetica senza precedenti. Infatti questo libro nasce mentre ero all'apice dei miei studi ventennali sulla CreAttività (concetto derivato e approfondito da quello dalla creatività, ma che ha un potere d'azione e di realizzazione delle idee che spesso la semplice creatività non ha), e di cui usciranno nei prossimi anni altri libri specifici.

Donato di Poce

In tanti hanno cercato di capire il processo creativo suddividendolo in varie fasi. Joseph Wallas[88] riteneva che il processo creativo si suddivide in quattro stadi: preparazione, incubazione, illuminazione verifica. La persona creativa durante la prima fase di preparazione cerca di raccogliere più materiale possibile lasciando la mente libera di spaziare verso nuovi mondi. Nello stadio dell'incubazione tra il periodo della preparazione e quello dell'illuminazione il materiale che viene raccolto e successivamente immagazzinato necessità di una elaborazione che può variare da pochi minuti a mesi e anni. È solo attraverso la risoluzione del problema che la persona creativa raggiunge l'illuminazione. Questa è la fase più commovente, in cui, laddove poco prima vigeva la confusione e l'oscurità, ora le soluzioni e le idee appaiono e affluiscono con chiarezza. Si può trattare di un'intuizione improvvisa, una visione chiara, o ancora una sensazione, qualcosa tra un'impressione e una soluzione, altre volte invece è il risultato di uno sforzo prolungato. La verifica chiude questa sequenza; essa è necessaria affinché la soluzione possa superare la valutazione critica dell'innovatore o di un gruppo. In questo momento avviene la messa a punto definitiva del prodotto creativo, in tutti i suoi particolari.

Molti sono stati gli autori che si sono occupati di creatività, tra questi, oltre al citato J. P. Guilford, vanno ricordati: A. Osborn, G. Wallas, J. W. Gordon e E. De Bono.

Gli studi di quest'ultimo sul "pensiero laterale vs. pensiero verticale" hanno dato spunti di riflessione ed analisi nell'attuale contesto comunicativo e non solo. De Bono sostiene che il semplice ragionamento logico non può soddisfare in modo completo l'esigenza di nuove idee. Le differenze salienti fra i due tipi di approccio (verticale vs. laterale) vengono così riassunte da De Bono:

- il pensiero verticale è selettivo, il pensiero laterale è produttivo;
- il pensiero verticale si mette in modo solamente se esiste una direzione in cui muoversi, il pensiero laterale si mette in moto allo scopo di generare una direzione;

- il pensiero verticale è analitico, il pensiero laterale è stimolatore;
- il pensiero verticale è consequenziale, il pensiero laterale può procedere a salti;

- con il pensiero verticale si deve essere corretti ad ogni passo, con il pensiero laterale si può non esserlo;

- con il pensiero verticale si usa la negazione con lo scopo di bloccare alcuni percorsi. Con il pensiero laterale non esiste nessuna negazione;

- con il pensiero verticale ci si concentra e si esclude ciò che è irrilevante, con il pensiero laterale si accolgono favorevolmente le intrusioni del caso;

- con le categorie del pensiero verticale classificazioni e definizioni sono fissate, con il pensiero laterale non lo sono;

- il pensiero verticale segue i percorsi più probabili, il pensiero laterale esplora quelli meno probabili;

- il pensiero verticale è un processo finito, il pensiero laterale è di tipo probabilistico.

Il "pensiero laterale", risulta allora un modo diverso di affrontare i problemi: le idee preconcette ed i cliché vengono scardinati alla ricerca di nuovi modi di organizzare i concetti. Vere e proprie tecniche convalidate vengono applicate per stimolare un nuovo punto di vista sulle cose. In tal modo, De Bono sfata il mito dell'illuminazione, del lampo di genio che risolve la situazione senza fatica. Le idee possono nascere anche in questo modo, ma è un evento raro. È più utile e redditizio aiutare il processo creativo attraverso il ragionamento ed il pensiero[89].

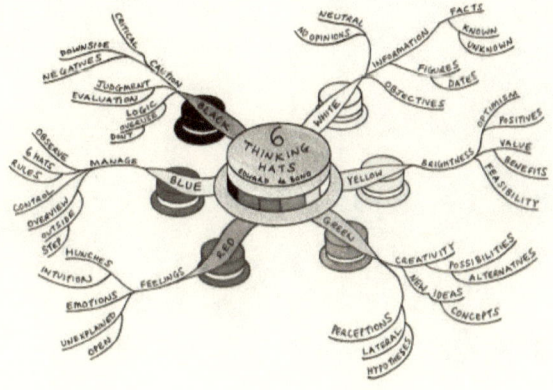

Pensiero laterale

3.2 Serendipità e caso

La storia della scienza è piena di scoperte per caso. Non che la fortuna sia sufficiente (né, al caso, si possono attribuire la maggior parte delle conquiste scientifiche, che anzi, di solito sono il frutto di un lavoro lungo e mirato) ma l'imprevisto, l'anomalia, sono spesso state al centro di importanti scoperte. Pavlov, scoprì i riflessi condizionati, mentre in realtà stava studiando la salivazione delle ghiandole salivari del cane. Colombo scoprì l'America, cercando in realtà le Indie Orientali. **Fleming** scopre la penicillina quando "per caso" o negligenza una muffa contamina una coltura di batteri. E ancora in tempi più recenti Rita Levi Montalcini dice di aver scoperto "per caso" il fattore di crescita neuronale che in seguito le sarebbe valso il Premio Nobel[90].

Tali esempi e molti altri sono pertanto frutto di quello che generalmente indichiamo con il neologismo "serendipity" (in italiano serendipità) o caso. Con serendipity, dunque, non si intende la casualità della scoperta, bensì l'accidentalità insita nella ricerca scientifica che lo scienziato deve saper cogliere o seguire, anche inconsapevolmente, e che conduce a scoperte fondamentali per l'avanzamento dell'uomo nella conoscenza. Non è "caso" questo, bensì una delle capacità più straordinarie dei grandi scienziati e dei grandi uomini dotati di uno spirito libero e totalmente estranei a pregiudizi e condizionamenti[91]. Ogni grande scoperta avviene perché lo scienziato (o il filologo, o il detective) invece di seguire le vie normali di ragionamento si diverte a pensare che cosa succederebbe se si ipotizzasse una legge del tutto inedita e puramente possibile, la quale però fosse capace di giustificare – se fosse vera – i fatti curiosi a cui con le leggi esistenti non si riesce a dare spiegazione[92].

Il concetto di serendipity rafforza l'idea di una realtà che deve essere letta attraverso i segnali che ci fornisce. Allo scienziato spetta il compito di saperli leggere. Attraverso questo concetto, Merton sottolinea anche il carattere di necessaria apertura che uno scienziato deve avere nel suo lavoro di ricerca[93]. Ma il fatto che serendipity sia sinonimo di "scoperte per genio e per caso" non vuol dire che il concetto sia applicabile solo nell'ambito delle scoperte scientifiche. Esiste una particolare qualità umana che è la capacità di estrarre, intuire, intravedere, captare informazioni utili dagli altri, indipendentemente da cosa fanno nella vita e da quale ambiente provengano.

La serendipità può essere vista anche come atteggiamento, e – come tale – viene praticata consapevolmente più spesso di quanto si creda. Ad esempio tutte le volte che si smette di arrovellarsi nel ricordare un nome, nella speranza che l'informazione emerga da sé dalla memoria, in realtà ci si sta affidando alla serendipità. Per alcuni non è semplice riconoscere di utilizzarla, soprattutto per chi è molto pragmatico. È facile, infatti, riconoscere e accettare le osservazioni che si attendono o che comunque confermano le nostre ipotesi e le nostre previsioni, meno facile accettare quelle che non ci aspettiamo o che contraddicono le nostre attese. In realtà capita tutti i giorni di trovare qualcosa (un oggetto, una situazione, un affetto) per serendipità. Si tratta solo di coltivare la capacità di cogliere segni laddove sembrano non esserci, poiché «forse l"assenza di segni è un segno[94]».

3.3 La scuola dell'errore

Errare è umano. Ma anche e soprattutto la capacità di conoscere a partire dall'errore è una competenza umana. Una competenza che si può e si deve affinare; specialmente laddove l'errore può avere gravi conseguenze. Per far questo bisogna che tutti accettino l'idea che l'errore non è solo regressivo ma anche progressivo e addirittura prezioso. Un evento accidentale o un'interpretazione errata possono far cambiare direzione alle nostre idee, fornirci un diverso punto di vista; un errore può essere allora forte di una scoperta, un punto di partenza per andare avanti nella conoscenza.

La creatività sta proprio nell'alterare il punto di vista tradizionale, uscire dagli schemi, interpretare i dati in maniera differente, poiché spesso le nuove scoperte sono sotto i nostri occhi, ma abituati a vedere sempre attraverso i soliti schemi non riusciamo a vederle. Le scoperte avvengono proprio perché c'è qualcuno disposto a osservare gli errori creativi, a capirne il potenziale e a vedere nello sbaglio un punto prospettico diverso. Un' attitudine basata su anomalie ed errori che portano a scoperte creative seguendo regole che hanno il compito di disattivare le regole stesse.

Occorre una pedagogia che riscopra l'attenzione per l'essere umano, per la sua creatività, per la sua ricerca di un ordine "trovato" e non inoculato dall'altro. Una pedagogia che non teme il dubbio, l'imprevisto, che "comincia a ricominciare" da zero ascoltando le parole preziose di chi non ha ancora tutte le parole per esprimere i concetti che va "conoscendo", che non teme l'errore e lo ama perché le svela i percorsi mentali che l'hanno prodotto[95].

L'errore ci conduce verso nuovi sentieri metodologici: si può diventare creativi e imparare a "sbagliare" in modo costruttivo. Ricostruendo o de-costruendo modelli su ciò che si è appreso in passato alleniamo la nostra mente in modo che "renda di più". È possibile articolare una didattica della creatività, ma, in ogni caso - in modo latente o patente - ci sono regole evidentemente iscritte all'interno della nostra cognizione e incaricate di combinare, frammentare o rovesciare. Regole che riordinano o cambiano regola, costruendo la novità sul paradosso. Cognitivisti come Gardner, neuroscienziati come Damasio, inventori come Edison, designer come Munari e psichiatri come De Bono hanno catalogato vere e proprie regole di innesco del processo creativo. Ad ogni modo, l'atteggiamento più efficace rimane quello che privilegia un approccio eclettico ai problemi e la possibilità di manipolare le tecniche a seconda dei bisogni, coerentemente con le scelte metodologiche di fondo.

L'errore e il vero, in definitiva, fanno tutt'uno con l'essere umano, anzi gli appartengono e costituiscono entrambi fatti logici positivi, nel senso che rappresentano le esperienze e i fatti attraverso i quali egli forma la sua personalità e dai quali trae forza ed energia per cogliere le soluzioni dei suoi problemi e procedere, così, nella ricerca della verità[96]. Ma l'incontro (come pratica e scoperta) e il superamento dell'errore, il controllo dell'errore, come dice la Montessori, individuale o collettivo che sia, può essere anche produttivo di nascita e sviluppo di sentimenti che attengono alla sfera morale e sociale dell'essere umano. Il bambino che ha dimestichezza con l'errore, sia nel commetterlo che nel correggerlo, e osserva il suo simile che viene a trovarsi nelle sue stesse condizioni, si sente a lui affratellato e legato per qualcosa che fa parte della loro natura e della loro formazione. Gli errori pertanto, che in campo pedagogico e didattico sono strumenti di formazione e di crescita, perché momenti costitutivi dell'apprendimento, si rivelano, sul piano morale e sociale, col loro superamento, anche fautori di coesione, collaborazione e coesistenza pacifica fra i popoli[97].

Per Bachelard l'errore non è un ostacolo alla conoscenza, anzi questa si caratterizza come una prospettiva di errori rettificati. L'errore è un fatto positivo, normale e utile[98]. Gli errori non sono dolorosi, ma piuttosto educativi. Gli insegnanti possono finire col dare conoscenze effimere dettate dal marchio dell'autorità considerandosi come eroi che non sbagliano, vittime del complesso di Cassandra. Il segreto di ogni maestro è quello di rimanere un eterno scolaro[99].

3.4 Fantasia e immaginazione "un po' di storia"

L'immaginazione è la qualità più tipicamente umana, quella che consente di creare, inventare, capire. È la qualità che consente all'uomo di trovare un margine di libertà, di sfuggire, in parte, alla sua condizione di marionetta mossa dai fili genetici e ambientali[100].Quella dell'immaginazione è una facoltà che molto affascina, per il suo potere di proiettare oltre le logiche della realtà. La sua importanza è stata riconosciuta da tanti, nel campo della filosofia, della letteratura e anche della scienza. Per iniziare, Leopardi, grande esponente del Romanticismo Italiano, la considera talmente importante da definirla come unica fonte di felicità per l'uomo. Ma anche un altro grande letterato e filosofo più contemporaneo, Pirandello, vide in essa un'alternativa d' evasione dalla "trappola" della vita.

In campo filosofico, diversi sono stati i filosofi che hanno meditato sul ruolo dell'immaginazione. Giambattista Vico, ad esempio, sostiene che immaginare, raccontare, rappresentare, sono attività che portano il mondo ad una leggibilità che altrimenti sfuggirebbe per ritirarsi in un indistinto proliferare di fatti ed eventi muti, e rendono possibile la comprensione di un'intricata vicenda come quella dell'essere umano perché, come scrive lo stesso Vico in un celebre passo, «ove avvenga che chi fa le cose esso stesso le narri, ivi non può essere più certa l'istoria[101]». Egli, come forse nessun altro nella modernità filosofica europea, ha messo l'accento sul fatto che il dominio esperienziale dell'essere umano è *anche*, e soprattutto nelle prime fasi disviluppo delle società primitive, di tipo estetico, intendendo questo termine nel suo significato letterale di sensibile/percettivo. La *Scienza Nuova*, infatti, affronta le creazioni mitiche degli uomini degli albori come prodotto di una particolare sensibilità nella quale le facoltà razionali hanno ancora pochissima voce in capitolo, e indicando in esse le prime, necessarie e spontanee forme di spiegazione e comunicazione.

Dunque, nulla di artistico nel mito e nelle favole dei primi uomini. Piuttosto, la forma più congeniale ad uno stato mentale in via di evoluzione. In questo senso, si può parlare di una *scienza dell'immaginario* scaturente dalla riflessione vichiana, perché – secondo lo studioso – ogni elemento concorre a disegnare un'immagine complessiva di quel mosaico intricato e sconnesso che è la storia umana, a partire in primo luogo da ciò che gli uomini hanno, nel corso dei millenni e dei secoli, immaginato, inventato, raccontato, e dalle conseguenze che queste attività hanno prodotto sul mondo circostante.

Già secondo Hegel, immaginazione e realtà intrattengono un rapporto che è di reciproco scambio, o meglio, di mutuo soccorso: non c'è immaginazione senza realtà, non si dà qualcosa come un contenuto di coscienza senza che la realtà, il mondo circostante, la totalità delle cose che riposano nel dominio della mia percezione, non intervenga a formare e a fornire materiale che l'immaginazione possa affrontare e rielaborare[102]. A corroborare tale tesi, interviene anche Breton asserendo che ciò che noi immaginiamo è "ce qui tend à devenir réel"[103], ciò che ha la tendenza a diventare reale, ciò che inevitabilmente diverrà reale. Non, naturalmente, nel senso che immaginare un unicorno lo farà magicamente apparire davanti ai nostri occhi. Bensì, e con un significato molto più profondo, che ciò che l'uomo immagina proviene dalla realtà e ritorna alla realtà con un doppio movimento che suscita un paradosso fecondissimo e degno di essere indagato. E tale singolarità viene suggerita anche da Morgan, il quale crede che l'immaginazione consista nel vedere le cose come sono realmente, nella loro vera essenza, non quali appaiono essere. Essa è il supremo realismo dello spirito[104].

3.4.1 Fantasia e immaginazione

La fantasia è un posto dove ci piove dentro.

Italo Calvino

L'immaginazione è la pazza di casa

Teresa D'Avila

C'è qualcosa di più importante della logica, è l'immaginazione.

La fantasia è più importante della conoscenza.

Albert Einstein

La perfezione è bella
ma è stupida
bisogna conoscerla e
per romperla
la regola non deve
uccidere la fantasia.

Bruno Munari

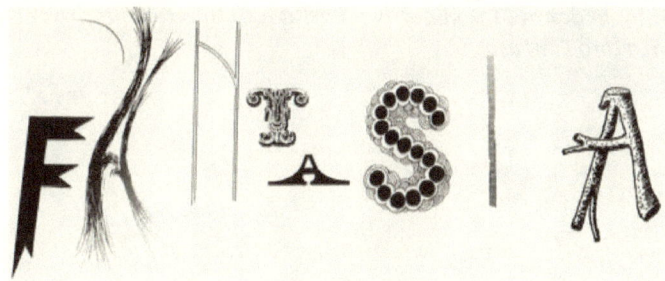

Bruno Munari

Cos'è la fantasia

Qualcuno gridava "Fantasia al potere!" e continuerà a gridarlo fino agli ultimi giorni dell'esistenza contro lo stato di imprigionamento di idee e pensieri creatività connessi al mondo che aspettano di esser liberati. La fantasia è una facoltà della mente umana di creare immagini fornite dall'esperienza passata che possono produrre immagini reali o del tutto irreali.

La fantasia è la facoltà più libera delle altre, pensare a qualcosa che prima non c'era, può anche permettersi di non realizzar ciò che ha pensato. La fantasia sfugge al controllo e alle regole di chi vorrebbe confezionarla e trasformarla in opera, in prodotto finito infatti non si descrive mai il processo fantastico che spinge un artista a creare qualcosa di nuovo ma è l'opera finita a interessare, a sorprendere e emozionare il pubblico. Bisognerebbe far conoscere i processi di formazione della fantasia e educare la gente a fantasticare sempre di più sviluppando una creatività nuova permettendo di coltivarla a tutti e non a pochi. forse ci sarebbero più artisti, più pensatori critici, più creativi, uomini e donne più liberi che si scontrerebbero con chi Concede a pochi l'utilizzo di spazi e di utilizzo e sviluppo di potenzialità e facoltà riservate a pochi. Chi vuole ancora dominare e render gli uomini schiavi privi della fantasia e dell'immaginazione e imbruttirli oggi e domani ha vita breve

Il bambino, la donna, l'uomo privati della loro libertà, riusciranno a liberarsi, nella loro Fantasia.

Arianna Trainito

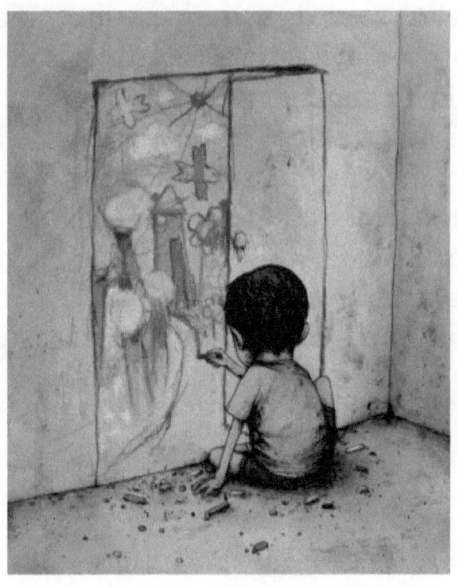

La Fantasia è un fiume arancione che scorre al contrario, un eroe senza spada ma con l'aria da clown, un tavolo con i piedi delle gambe a forma di gatto, una nuvola a forma di drago, un sasso a forma di cuore… in natura o in forma industriale, in chi vede e in chi concepisce nuove forme. I bambini hanno uno straordinario dono quello di giocare con la fantasia, di relazionare gli elementi della realtà che non riescono a comprendere e portarli in un mondo fantastico. Ove il bambino è sottoposto per circostanza a vivere uno stato di angoscia (es. derivante dal distacco nella realtà dalla madre) sarà portato dalla fantasia a tradurre la quotidianità della vita in uno spazio transizionale ove la fantasia lo conforta. Ecco perché è necessario ascoltarli ed osservarli per apprendere da loro.

Interessante capire in che maniera associano significati e forme. Osservarli nelle relazioni di elementi, nelle creazioni di immagini, nel linguaggio. Linguaggio che verrà modificato e omologato dalla scuola e dai modelli fenomenologici di riferimento.

Il bambino con l'età e la crescita pone delle rinunce. Secondo la concezione comune di un mondo meccanico e razionale, alcune potenzialità sono da sviluppare in ambienti idonei, che supportano il processo creativo. Insomma il destino costruito dalla classe sociale condiziona lo sviluppo di alcune potenzialità presenti in natura a tutti gli esseri viventi. Il sistema capitalistico e meccanico del mondo del lavoro non recluta idonei gli uomini, le donne (che creano, o immaginano grazie solo alla fantasia), ma grazie al denaro. Ecco perché gli operai sono condannati a produrre dai padroni, e condannati dai padroni e da loro stessi ad una morte certa, della loro fantasia.

> *La fantasia fa parte di noi come la ragione: guardare dentro la fantasia è un modo come un altro per guardare dentro noi stessi.*
>
> Gianni Rodari

L'individuo deve memorizzare dati, con cognizione elaborarli, relazionarli, avvalendosi di una buona conoscenza capace di sviluppare una mente elastica per avere idee nuove e creare immagini buone. Ecco perché è importante nei primi anni di vita dare più spazio possibile al gioco e alla fantasia.

> *Se avessimo anche una Fantastica, come una logica, sarebbe scoperta l'arte di inventare.*
>
> Novalis

Bruno Munari

La prima manifestazione della fantasia nasce dal capovolgimento della realtà, si utilizzano i contrari, si utilizzano anche gli errori per dare vita a qualcosa di nuovo. Quindi il mondo al rovescio sorprende incuriosisce, stimola la fantasia. Il cielo è rosso acquisisce un'aria comica ma acquisisce anche un ruolo metaforico a un senso che si vuole nascondere. Quindi creare un disordine all'ordine stabilito significa stravolgere l'equilibrio costituito dai contrari Yin Yang che reggono l'universo. Bruno Munari parla di varianti che regolano l'azione della fantasia: varianti di luogo, varianti un di dimensione (uomo coi trampoli) variante di funzione.

MACHINE INUTILI

BRUNO MUNARI

"La pennellessa" Bruno Munari

"L'ironia" Bruno Munari

Affinità elettive di posata di Francesca Gattello.

L'immaginazione è l'aquilone più alto su cui si possa volare.

Lauren Bacall

La critica richiede una certa forza d'immaginazione mentre il dogmatismo la reprime.

Karl Popper

Immagina non ci sia il Paradiso prova, è facile
Nessun inferno sotto i piedi Sopra di noi solo il Cielo
Immagina che la gente viva al presente...
Immagina non ci siano paesi
non è difficile
Niente cui per uccidere e morire
e nessuna religione
Immagina che tutti
vivano la loro vita in pace...

Puoi dire che sono un sognatore
ma non sono il solo
Spero che ti unirai anche tu un giorno
e che il mondo diventi uno...

Immagina un mondo senza possessi
mi chiedo se ci riesci
senza necessità di avidità o rabbia

Anna Maria Arianna Trainito

La fratellanza tra gli uomini
Immagina tutta la gente
condividere il mondo intero.

John Lennon

Imagine ...you can!

Scultura animata realizzata da Patrice Ferrasse in esclusiva per il Museo, che mette in luce la capacità del cinema di interagire con la nostra immaginazione di spettatori: l'immaginazione dell'individuo spettatore, ma anche l'immaginazione... collettiva di una società.

Il cinema produce immaginario, anzi tanti immaginari, che si trasformano nel tempo e nello spazio, che indicano e guidano e fissano le coordinate di una identità sociale.

3.4.2 Il principio della *Rêverie*

Il principio della *Rêverie* (funzione *alfa* di Bion[105]) è funzione materna che dà la possibilità al bambino di metabolizzare gli oggetti negativi e li proietta all'esterno in un contenitore che sia capace di accogliere questi elementi esterni. Questo contenitore deve essere capace di accoglierli e trasformarli in esperienza di bellezza. Perché noi vogliamo capire ciò che è difficoltoso capire? Proprio per la sua difficoltà. Il nostro altro è colui che è poco conoscibile, che non riusciamo a conoscere del tutto, ecco perché ci vuole una meta comprensione, una ermeneutica che ci faccia comprendere l'altro.

Ma esiste un'altra rêverie di cui vi voglio parlare: la rêverie che ci aiuta a mettere in riposo il nostro essere. Quel bambino che c'è in noi che ci conduce verso mondi immaginari, verso il sogno, verso la bellezza che ci eleva allo spirito[106].

Kierkegaard dice: "L'uomo sarebbe metafisica grande se il bambino fosse il suo maestro". Nell'opera di Madame Guyon per un'anima l'infanzia può apparire come l'innocenza incarnata. L'adorazione del bambino divino fa vivere l'anima che paga in un'atmosfera di innocenza prima. Ecco che lo spirito infantile diventi il soggetto della nostra vita, della nostra storia d'amore. Lei scrive: "Ero come in uno stato infantile quando dovevo parlare e scrivere non vi era nulla di più piccolo e fragile di me perché ero come un bambino. Lasciarsi andare a quello stato di grazia, di sentimento ingenuo e puro comporta la perdita della ragione, l'abbandono cullato, il sogno disperso ad occhi aperti nella solitudine immaginaria".

Una rêverie che invita ad aprire gli occhi e sognare. L'immagine poetica può essere l'origine di un universo immaginato nella rêverie di un poeta. La coscienza dello stupore davanti al mondo creato dal poeta ha una dimensione del tutto primitiva. Possiamo definire l'immagine poetica che appare essere come un nuovo essere del linguaggio. La poesia può essere definita come un grandioso lapsus della parola, ma l'uomo non si sbaglia quando si esalta. L'immagine poetica è un continuo divenire, è dinamica nel suo essere, una composizione che utilizza un pensiero sensoriale innestato su una metafora aperta alla ricerca inventiva di molteplici significati in una invenzione della scoperta. Comporre è un atto di dare forma a molteplici significati per dare senso a tutta l'esistenza.

L'ingenuità risvegliata da forma a ciò che immaginiamo. Colui che fantastica intende già i nomi della parola scritta. Tutti i sensi si destano e si armonizzano nella rêverie poetica. Questa polifonia di sensi che la rêverie poetica ascolta e che la coscienza poetica deve registrare. Schlegel diceva del linguaggio: "È una creazione di getto". Esistono anime per la quale l'amore è il contatto di due poesie. L'amore si esprime tanto meglio quanto più è poeticamente sognato. Gli psicologi studiano il rêve e prestano poca attenzione alla rêverie che secondo loro sono sogni confusi, senza strutture, senza enigmi. La rêverie diventa per lor appartenente al mondo onirico, un'attività notturna, quasi una sonnolenza dove il sognatore si addormenta. Sappiamo che esistono rêveries che non appartengono solo alla notte ma fondano il giorno e la notte quindi la rêverie appartiene al sognatore, sono anima e corpo nella sostanza della felicità.

Il mare osservato è una rêverie.

Victor Hugo

La rêverie poetica ci offre il pensiero sognato, il mondo dei mondi, la metafora dai molteplici significati. Quindi attraverso l'immaginazione, attraverso la solitudine più grande che solo un'anima poetica e sognatrice può raggiungere si ha l'esperienza della rêverie. Un sognatore che attraversa la parola sogna e nel femminile si perde, in quella profondità di senso, quella dolce lentezza che solo la voce materna e femminile può donare.

Rêves e rêveries, sogni e fantasticherie hanno il bisogno di mettere al femminile al di là delle designazioni maschili dei nostri stati. Colui che utilizza il linguaggio dell'anima è il poeta, colui che sogna la femminilità dell'essere, una lenta sonorità della dolcezza messa in forma estetica. Colui che utilizza la parola femminile per donare grazia al maschile. Una rêverie pura che restituisce il sognatore alla sua tranquilla solitudine, ogni essere umano, uomo o donna trova il suo riposo nell'anima della profondità scendendo una discesa senza caduta ma con una leggerezza silenziosa quasi inaudita. Una rêverie che ci porta a errare, a scoprire mondi fantastici, percorrere strade differenti dalla realtà, ad alzarci in volo quanto per gli altri dovremmo tenere i piedi per terra. Ecco che il sognatore è colui che trasgredisce le regole meccaniche dell'esistenza, che si perde nella metafora poetica dell'esistenza mentre la realtà lo rincorre presentandogli il conto da pagare.

Sognatore è colui che trova la via alla luce della luna... punito perché vede l'alba prima degli altri.

Oscar Wilde

3.5 L'errore creativo

In ogni errore giace la possibilità di costruire nuove storie.
Gianni Rodari

Errare: voce eretica del verbo creare. Così Gianni Rodari teorizzava la possibilità di una gestione ludica e in qualche modo propositiva dell'errore, cogliendo l'opportunità di dare spazio all'immaginazione. Dal vecchio proverbio "Sbagliando s'impara", si passa allora al nuovo "Sbagliando s'inventa[107]", esorcizzando quegli errori di cui tutti abbiamo un po' paura per imparare a trasformarli in qualcosa di buono e creativo.

Pedagogicamente parlando l'errore è parte del processo di apprendimento e insegnamento, ma non sempre siamo aperti ad accoglierlo. I bambini poi spesso crescono con un misto di senso di colpa e vergogna di fronte ai loro sbagli. Tali sentimenti vanno opportunamente sdrammatizzati – e non ridicolizzati – onde partire proprio dall'errore per trasformarlo in qualcosa di costruttivo.

Etimologicamente esso deriva dal latino *error*, che significava "sviare", quindi significava anche "viaggio", da cui "errante", ecc. Si può intendere di conseguenza l'"Errore" come il prendere un'altra strada, sviare dalla via battuta da chiunque, per arrivare al significato più completo e corretto in quel determinato frangente e cioè "pensare e vivere in un modo totalmente diverso da quello della massa, fuori dalla morale e dalle religioni comuni imposte." L'"Errore" quindi è caratteristica delle menti più complesse che cercano il significato della propria vita fuori dalle strade asfaltate da alcuni solo per farle percorrere meglio ad altri.

Esso diventa "creativo" proprio perché tende a creare qualcosa di nuovo, di diverso, una strada alternativa da percorrere, ma anche un diverso modo di pensare. Sperando che sussista la possibilità, a volte auspicabile, che detto sentiero possa divenire un domani esso stesso convenzione. Questa stessa cosa ha fatto sì che la scienza pura – ad esempio la filosofia, – ma in tempi allungati e per un numero più limitato di persone, gli scritti di Nietzsche, di Eraclito, di Aristotele e Socrate, ma anche quelli di Freud, Jung, Kant, Heidegger e tantissimi altri, creassero i presupposti per una crescita cognitiva e conoscitiva. Essi, però sono stati inizialmente accettati da pochi, arrivando al fine di "cambiamento (sociale ed epocale, in taluni casi) grazie all'errore creativo" dopo anni ed in qualche caso, come quelli dei Giordano Bruno, secoli, poiché – per dirla con Einstein –: "È più facile spezzare un atomo che il pregiudizio". Bisogna, quindi rivalutare il concetto di "Errore", dato che questa è l'unica arma contro una massificazione che impone a tutti un "Credo" comune al di sopra dello "sbaglio" di chi lo impone. Persino il nostro DNA attuale è il frutto di una "sedimentazione di errori" occorsi in milioni d'anni d'evoluzione per meglio adattarci al mondo che stava cambiando. Quindi, in questo senso, anche noi siamo "errati".

La stessa cosa si ritrova nella nostra "conoscenza", nella nostra "verità", nell'essere insomma esseri pensanti. "La capacità adattabile del cervello è l'unico sistema che possiamo usare per l'accrescimento della nostra coscienza. Rigettare aprioristicamente concetti, idee senza averle prima vagliate ci impedisce di trarre del buono da ogni cosa che impariamo (...) e destrutturare le nostre convinzioni più profonde per ristrutturarle inserendo elementi esterni in grado di portare un diverso punto di vista e una maggiore consapevolezza[108]". Quindi l'errore, che qui va inteso come "diverso pensiero per il raggiungimento in modo più semplice ed armonico di un fine", è la molla della crescita mentale di una persona[109].

La conoscenza dell'uomo non è mai un concetto statico, ma un "dinamismo cangiante", non la si raggiunge mai, a meno che si calcifichino gli errori. La mente deve essere come una spugna che assorbe tutto ed una volta strizzata trattiene solo "l'umidità che le serve". L'errore altro non è che un pensiero fuori dal coro, un pensiero che sembra sbagliato alla stragrande maggioranza delle persone, perché esse non sanno, o non osano, usare i propri pensieri per creare la propria vita in questa mistificazione che è la "società moderna. Il limite stesso è la presunzione umana, l'impossibilità intellettuale istituzionalizzata di ammettere di aver commesso un errore, perché la considerazione di aver errato viene ritenuta sinonimo di una profonda debolezza, non invece di quel forte rigore intellettuale personale che essa è, di quella immensa consapevolezza che deriva dal conoscere che tutto, costantemente cambia, tutto è in assiduo movimento: la verità di oggi è l'errore di domani[110].

3.6 La bellezza dell'errore

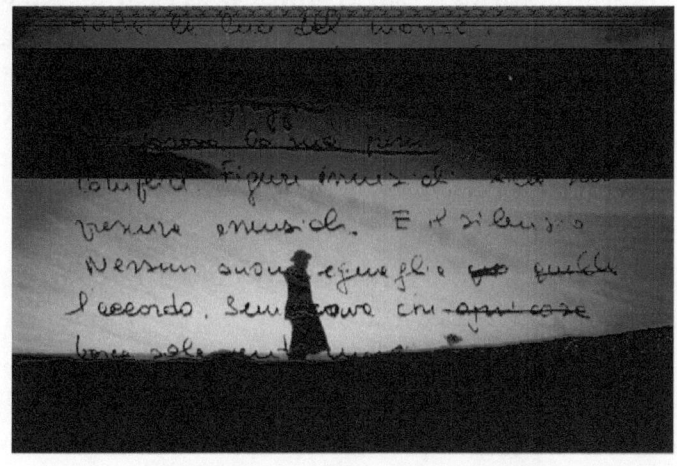

Il progresso non è altro che brancolare da un errore all'altro.

Henrik Ibsen

Dai diamanti non nasce niente, dal letame nascono i fiori.

Fabrizio De Andrè

Fra gli errori ci sono quelli che puzzano di fogna, e quelli che odorano di bucato.

Cesare Pavese

L'esperto è una persona che ha fatto in un campo molto ristretto tutti i possibili errori.

Niels Bohr

Un uomo di genio non fa errori. I suoi errori sono voluti e sono portali di scoperta.

James Joyce

Ricercando una perfezione che non esiste, si diventa ossessivi e noiosi. L'errore, lo sbaglio, lo scarabocchio, l'imperfezione sono gli elementi più importanti, sono loro che fanno la differenza e che ti permettono di avere un atteggiamento originale nei confronti di ciò che sembra uguale e uniforme al mondo. L'esaltazione "dell'errore" dovrebbe essere la base su cui ricostruire i nuovi canoni estetici che vanno a riprendere una bellezza più profonda senza che sia incorniciata. Ti fa vedere tutto in un'ottica completamente diversa, ti aiuta a svincolarti da quelle formule trite e ritrite che tendono solo a condizionare ciascuno nel comportamento e nell'estetica. Se anche esistesse la bellezza perfetta, pura utopia, e se tutti riuscissimo a diventare così perfetti, sarebbe un mondo così banale che non ci accorgeremmo neanche di tanta bellezza.

Da Platone in poi la filosofia ha sempre cercato di dare una definizione del Bello. Il bello è mutevole e plurale. La caratteristica primaria del bello è la realtà, e non ci può essere realtà estranea all'errore; sostenere che il bello è perfezione è mancanza di giudizio critico. Il bello sta nella valorizzazione dell'errore, nel suo inserimento armonico in un contesto che suscita in noi un sentimento di partecipazione. Il bello è ciò che provoca un sentimento di riconoscimento nell'imperfezione. Senza l'errore, senza l'imperfezione, non potremmo sentire la bellezza[111].

L'errore diviene, allora, uno stimolo. L'uomo stesso è errore e ha bisogno di un habitat fatto di errori[112]. Della natura dell'uomo è proprio il non limitarsi ad un unico, particolare modo di avvicinare la realtà, ma lo scegliere diversi punti di vista e il passare dall'un aspetto delle cose all'altro[113]. A distinguere la specie umana dalle altre, infatti, è la sua tensione a muoversi verso l'inedito, verso ciò che ancora non c'è. Come sostiene Herder, "nella storia dei popoli sembra esserci, in effetti, un certo avanzamento, ma non nel senso che l'umanità cresca quanto a forze o a felicità, ma soltanto in quanto viene formata, cioè sviluppata, provata e mutata in aspetti sempre nuovi e diversi delle sue capacità, inclinazioni e aspirazioni"[114]. Sul palcoscenico della storia, cioè, l'attore principale è l'uomo, che in momenti diversi sviluppa capacità, inclinazioni, aspirazioni diverse, e così progredisce o – il che è lo stesso – si educa. È proprio questo tratto pedagogico a definire il progresso umano, in cui lo sviluppo non si configura più come continuo superamento del passato a opera di un presente migliore, bensì come irraggiamento da un medesimo centro (l'uomo) verso infinite direzioni (le sue forze, le sue possibilità).

A sottolineare ulteriormente il carattere *dinamico* del percorso umano – che, come ampiamente ribadito, procede per 'errori' – un'ulteriore affermazione herderiana: "Noi non siamo ancora uomini, ma lo diventiamo ogni giorno"[115]. Si mette così ancora una volta in risalto la possibilità di sfruttare ogni errore per considerarlo, ogni volta, – in un'ottica pedagogica positiva e propositiva – un nuovo punto di partenza della formazione umana di ciascuno. Ecco perché si dovrebbe formare e costituire una scuola dell'errore dove non si giustifichi l'errore ma si consideri un aspetto fondamentale della crescita e della costruzione di un linguaggio scolastico.

Il bambino è fatto di cento

Il bambino ha cento lingue, cento mani, cento pensieri, cento modi di pensare, di giocare e di parlare, cento, sempre cento modi di ascoltare, di stupire, di amare, cento allegrie per cantare e capire, cento mondi da scoprire, cento mondi da inventare, cento mondi da sognare. Il bambino ha cento lingue (e poi cento, cento e cento) ma gliene rubano novantanove. La scuola e la cultura gli separano la testa dal corpo. Gli dicono: di pensare senza mani di fare senza testa di ascoltare e di non parlare di capire senza allegrie di amare e di stupirsi solo a Pasqua e a Natale. Gli dicono: di scoprire il mondo che già c'è e di cento gliene rubano novantanove. Gli dicono: che il gioco e il lavoro, la realtà e la fantasia, la scienza e l'immaginazione, il cielo e la terra, la ragione e il sogno sono cose che non stanno insieme. Gli dicono insomma che il cento non c'è. Il bambino dice: invece il cento c'è. [116]

Loris Malaguzzi

L'errore è occasione di nuove conoscenze, di nuovi meta apprendimenti, di dire qualcosa che fa pensare ad altro, di liberare mondi e scenari nuovi per immettersi in strade differenti.

Basta cambiare una vocale e la zuppa diventa la zappa, un'altra cosa. La casa diventa la cosa, la pizza cambiando direzione diventa la pazza. Con gli errori i bambini giocano e si divertono, considerandoli una scoperta, che si porta dietro narrazioni, suggestioni, assonanze... Spesso i bambini inventano parole inesistenti che in una scuola tradizionale vengono regolarmente corrette. Invece il mondo linguistico di un bambino contempla anche le parole inventate a partire da un errore. In questo senso lavorare con l'errore non significa mettere in conflitto errore e correzione, anzi se io sbaglio tra zuppa e zappa, è sicuro che quell'errore non me lo scordo più. Ci ho giocato, ho riso, ho costruito con la fantasia, ho immaginato, ho scritto altre parole, mi sono divertito.

Insegniamo cari maestri ai bambini a percorrere strade diverse da quelle ordinarie, a non accontentarci della risposta esatta ma delle molteplici risposte che sono insite nel potenziale della creatività del bambino, impariamo dalla loro creatività a utilizzare il pensiero laterale. Evitiamo di condannare l'errore.

È dunque necessario disegnare un nuovo contesto in cui l'errore, la valutazione e l'autovalutazione vengano proposti in modo positivo e naturale, partendo dal concetto che l'errore è parte integrante del processo d'apprendimento e che obiettivo primario dell'insegnante è creare le condizioni per poter vivere questi eventi e processi senza la interposizione di filtri affettivi. Lo studente protagonista del proprio percorso d'apprendimento dovrà essere messo in condizione di gestire l'errore, di saperlo valutare e correggere nel caso in cui non sia causato da mancanza di conoscenze, ma da una errata applicazione di quanto lo studente sa. In quest'ottica la gestione dell'errore diventa una pratica che si dilata nel tempo e che investe molte, se non tutte, le fasi del processo di apprendimento e non solo i momenti della correzione o di feedback.

Il maestro giusto

C'era una volta un cane
che non sapeva abbaiare.
andò da un lupo a farselo spiegare,
ma il lupo gli rispose con un tale ululato
che lo fece scappare spaventato.
Andò da un gatto, andò da un cavallo,
e - mi vergogno a dirlo -
perfino da un pappagallo.
Imparò dalle rane a gracidare,
dal bove a muggire,
dall'asino a ragliare,
dal topo a squittire,
dalla pecora a fare «bè bè»,
dalle galline a fare «coccodè».
Imparò tante cose,
però non era affatto soddisfatto
e sempre si domandava
(magari con un «qua qua»...):
- Che cos'è che non va?
Qualcuno gli risponda, se lo sa.
Forse era matto?
O forse non sapeva scegliere
il maestro adatto?

Gianni Rodari

Giuseppe il pianeta

Lo scolaro Giuseppe Moneta, di Gastone
in un momento di distrazione
è diventato un pianeta.
Circola intorno al sole a discreta velocità,
attento a non urtare
con la testa, coi piedi e con le mani
i pianeti più anziani.
Per oggi dunque a scuola non verrà.
La signora maestra è pregata di scusarlo,
i compagni di banco, di osservarlo.
Stanotte sarà visibile tra le costellazioni
perfettamente riconoscibile
per una macchia d'inchiostro sui pantaloni.

Gianni Rodari

L'ama

C'era una volta una povera ama,
per essere una lama intera,
una vera lama di coltello,
le mancava la elle: gliel'aveva rubata
un apostrofo pirata.
La poverina non tagliava più
né la carne cruda né la carne cotta:
non tagliava nemmeno la ricotta.
In fondo al cassetto deperiva,
e del mal della ruggine pativa.
Per fortuna la scoprì un arrotino
che da bambino
aveva studiato bene l'ortografia:
le ridiede la elle, l'affilò
e per il mondo la rimandò
col suo coltello
a ritagliare questo e quello.
Dunque state attenti, per piacere:
lasciatele la sua elle, o per vendetta
è capace di tagliarvi qualche falangetta.

Gianni Rodari

Non tutti sono errori infantili, e questo risponde assolutamente al vero: il
mondo sarebbe bellissimo, se ci fossero solo i bambini a sbagliare.

Gianni Rodari

Viaggio in Lamponia

Si può viaggiare in treno,
in automobile,
e in macchina da scrivere
perché no?
Io ci ho provato.
Semplicemente battendo
un tasto sbagliato
sono arrivato in Lamponia:

un paese dolcissimo
che sa di marmellata
e di sciroppo
e somiglia un pochino,

ma non troppo,
alla Lapponia propriamente detta
che se ne sta a rabbrividire lassù
alle soglie del Polo.

Il popolo dei Lamponi
confina con altri popoli
buoni e tranquilli:
fragole, mirtilli,
lucciole e grilli.

Spesso giungono in visita
dagli Stati vicini
farfalle, api, bambini
con il cappellino bianco
che presto sarà nero di more...

O paese felice,
scoperto per errore,
Lamponia del mio cuore!

Gianni Rodari

Per colpa di un accento

Per colpa di un accento
un tale di Santhià
credeva d'essere alla meta
ed era appena a metà.

Per analogo errore
un contadino a Rho
tentava invano di cogliere
le pere da un però.

Non parliamo del dolore
di un signore di Corfù
quando, senza più accento,

il suo cucu non cantò più.

Il museo degli errori

Signori e signore,
venite a visitare
il museo degli errori,
delle perle più rare.
Osservate da questa parte
lo strano animale gato:
ha tre zampe, un solo baffo
e dai topi viene cacciato.
Nel secondo reparto
c'è l'ago Maggiore:
provate a fare un tuffo,
sentirete che bruciore.
Ora tenete il fiato:
l'eterna "roma" vedremo
tornata piccola piccola
come ai tempi di Romolo e Remo.
Per colpa di una minuscola
la storia gira all'indietro:
questa "roma" ci sta tutta
sotto la cupola di San Pietro.

Gianni Rodari

Capitolo Quattro

Musicoterapia e Valorizzazione dell'Errore Creativo

Quando parliamo di musicoterapia ci riferiamo ad una terapia che utilizza i canali non verbali, la cui terminologia deriva dalla fusione di due forme della capacità espressiva dell'essere umano: l'arte della musica e l'arte del curare. Con l'avvento, nel 1950, dei risultati degli studi scientifici effettuati all'inizio del ventesimo secolo, cominciano a nascere delle vere e proprie metodologie musicoterapiche. A partire dagli anni sessanta la musica viene utilizzata in Italia per favorire l'inserimento scolastico di bambini con disabilità. Anche se la valenza terapeutica della musicoterapia non è ancora riconosciuta ufficialmente – soprattutto in tutto il mondo scientifico – l'interesse intorno a tale disciplina rimane crescente[117].

La musicoterapia è l'uso della musica e/o degli elementi musicali (suono, ritmo, melodia e armonia) da parte di un musicoterapeuta o musicoterapista qualificato, con un utente o un gruppo, in un processo atto a facilitare e favorire la comunicazione, la relazione, l'apprendimento, la motricità, l'espressione, l'organizzazione e altri rilevanti obiettivi terapeutici al fine di soddisfare le necessità fisiche, emozionali, mentali, sociali e cognitive. La musicoterapia mira a sviluppare le funzioni potenziali e/o residue dell'individuo in modo tale che questi possa meglio realizzare l'integrazione intra- e interpersonale e conseguenzialmente possa migliorare la qualità della vita grazie a un processo preventivo, riabilitativo o terapeutico.

La Musicoterapia non si preoccupa (come fa l'educazione musicale) di alfabetizzare il bambino alla musica. Non ha finalità formative alla musica. Nelle istituzioni prescolastiche e scolastiche essa ha essenzialmente uno scopo preventivo: quello di rendere funzionali, armonici, costruttivi i rapporti suono/linguaggio/bambino/coetanei etc. per lo sviluppo della personalità. Essa attribuisce valore profondissimo alla voce per esprimere pensieri e sentimenti: un *essere* che si pronuncia sonoramente.

La Musicoterapia, proprio perché considera la *persona tutta intera* (organismo, corpo, emozioni, storia, cultura) è improntata sulla multi-trans-disciplinarietà. La musicoterapia rientra – assieme alla danza, alla terapia psicomotoria e all'arteterapia – in quelle che vengono definite "altre psicoterapie". Si tratta di un'attività volta a valorizzare l'espressività e la creatività, che prevede l'acquisizione della tecnica e, eventualmente, un lavoro di chiarificazione ed interpretazione dei prodotti della stessa. Ma è soprattutto una psicoterapia a prevalente comunicazione non verbale. Si effettuano, cioè, interventi tra paziente e terapeuta che utilizzano strumenti e tecniche alternative al linguaggio parlato. In questo modo diventa prevalente lo spazio lasciato alle emozioni, che durante le sessioni terapeutiche vengono amplificate, fotografate e dinamizzate.

La musica è un'arte che usa un linguaggio effimero, che però è denso di sensazioni, emozioni, percezioni, affetti, ricordi. L'ascolto, come la pratica musicale, non è un'esperienza semplicemente fisiologica ma anche psicologica. La musica è capace di suscitare immagini nuove, ricordare, modificare l'umore, sollecitare l'attenzione, la memoria, fermare le sensazioni del momento, tornare indietro, andare avanti, risvegliare i sensi, il movimento corporeo. La musica, dunque, stimola, il musicoterapeuta guida, conduce, sollecita, apre comunicazioni. Durante l'ascolto si ha il potere di fermare il tempo e, l'esperienza musicale, può amplificare il vissuto emotivo che rimane comunque strettamente personale e irripetibile. Si può arrivare per es., nell'ascolto guidato con la musica, ad un'esperienza molto vicina al sogno.

La musicoterapia tenta di rendere la già potente comunicazione musicale, in qualcosa di più consistente e trasformativo. Attraverso la relazione terapeutica, si cerca di dare significato alla musica che sembra, con il suo linguaggio, suggerire solo il senso[118]. Si va così alla ricerca dell'essenza della persona, poiché "quando si parla si guadagna, ma si può anche perdere in autenticità, ricchezza, approssimazione, spontaneità"[119].

Il fare musica determina un'attività creativa con sollecitazioni sul piano fisico, intellettuale ed emotivo e così dunque, sotto la guida del terapeuta si personalizzano i percorsi, si individuano i livelli di cura, si individuano i campi di applicazione, si cerca il momento giusto, si valutano dunque anche le controindicazioni. Essendo un tipo di esperienza che si avvicina al gioco, con una totale presenza e coinvolgimento della persona ci si diverte, senza fatica e spesso senza ansia[120]. Ciò consente, pertanto, una opportuna valorizzazione dell'errore creativo, fonte di arricchimento in tale esperienza terapeutica.

Attraverso il percorso di musicoterapia l'espressione corporea prende forma liberamente... Libertà libera... la riscoperta del sé e dell'altro... l'ascolto poetico dell'altro attraverso i suoni... i colori... gli odori... i movimenti ci danno l'opportunità di ridare dignità e valore all'altro riflettendo noi stessi.

La scuola come comunità didattica

La comunicazione si serve di segni verbali e non verbali. Comunicare deriva da *communis* (comune). *Communis* ha tre significati: dono, difesa e carica esercitata con altri. Comune in greco sta per *coinos*, da cui deriva *coinonìa* che significa "accomunamento".

Per promuovere una cultura ed una azione che possa rendere l'istituto di apprendimento scolastico una *istituzione vivente - comunità didattica*. Questo passaggio (da istituzione a comunità didattica a valenza terapeutica) può essere favorito dall'introduzione di un pensiero complesso e multidimensionale antropo–psico–socio–dinamico in grado di utilizzare opportunamente la conoscenza attraverso gli affetti, il pensiero mitico, onirico, immaginifico, etc. In questo modo potrebbe costituirsi quello che Franco Fornari chiama la *democrazia degli affetti* (una competenza estesa a tutti gli uomini).

La comunità didattica fondata sulla democrazia degli affetti è una situazione naturale di accomunamento – conoscenza – scambio – comunicazione – cambiamento appartenente al *sistema ecologico*. Serve una scuola che prepari gli individui a fruire del simbolico, dell'immaginario, dell'onirico quali esperienze portatrici di benessere dell'anima.

Distinzioni fra educazione musicale e musicoterapia

La Musicoterapia si è andata precisando, come principi tecniche e fini, a partire dagli anni '70. Divenne subito di interesse in ambito scolastico, ma fu presto allontanata dagli ambiti prettamente attinenti alla terapia. Ciò le permise da un lato di familiarizzare con molte altre discipline attigue, dall'altra si ammantò di un'area di confusione sospetto, ambiguità. Questo però non è stato del tutto negativo perché ha contribuito ad uno sviluppo dinamico ed aperto al confronto.

La Musicoterapia:

-   non è un metodo sostitutivo o di complemento alla educazione musicale;

-   non è un corpo di tecniche finalizzato all'alfabetizzazione musicale né allo sviluppo della sensibilità musicale;

-   non è un'area nuova rispetto alle forme riabilitative, ma si innesta in modo trans-disciplinare nella concezione riabilitativa e terapeutica;

-   non richiede pluri specializzazione da parte dell'operatore;

-   non usa la musica come prescrizione farmacologica;

-   non è un sistema di conoscenze che usa un punto osservativo privilegiato;

-   non è uno strumento naif del processo relazionale;

-   non è una modalità terapeutica che risulta "sempre" opportuna e non dannosa;

-   non è un patrimonio di conoscenze che prescinde da un'opportuna formazione;

-   non è scollegata dall'intero spazio dell'arte terapia.

Non è possibile trattare le questioni del rapporto uomo/suono lette allo stesso modo in chiave educativa e in chiave terapeutica. Esiste un mare che divide le competenze, la formazione, i ruoli, i metodi e i fini dell'istituzione scolastica rispetto a quelli della Musicoterapia.

A scuola l'educazione musicale incontra la musicoterapia nell'ambito della prevenzione. Essa è basata sugli affetti che corrispondono alle tracce amnestiche vissute con il corpo materno. Il feto viene definito corpo-pelle-acustica. Il bambino comincia ad avere sensazioni, quindi ha i proto-apprendimenti.

Anna Maria Arianna Trainito

Egli apprende attraverso il corpo.

4.1 Metodo dinamico transdisciplinare

Dalle parole del fondatore della musicoterapia, Loredano Matteo Lorenzetti, è possibile comprendere l'essenza del metodo dinamico transdisciplinare. È opportuno partire dal significato dei termini:

- **METODO**: è la modalità utilizzata per cercare di raggiungere una conoscenza. Consiste, da una parte, nella raccolta di dati attraverso l'osservazione e l'esperienza; dall'altra, nella formulazione di ipotesi e teorie da sottoporre a verifica. Nel caso specifico ci indica il modo in cui si deve operare, pur lasciando spazio all'interpretazione dell'operatore che lo applica, per cui si può affermare che è un metodo parzialmente aperto.

- **DINAMICO**: fa riferimento all'unità sistemica complessa secondo la quale l'individuo viene inteso come: unico, storico, irripetibile e non totalmente conoscibile.

  1. **Unico**: ognuno può vivere le stesse esperienze di vita in modo diverso in quanto diversa è la sua storia, diverso il rapporto che instaura con le figure parentali, diverso il modo di fantasticare sugli accadimenti.

  2. **Storico**: l'individuo va considerato fin dalla vita prenatale, la sua evoluzione dipende da tutto ciò che è accaduto prima e sul momento attuale verrà costruito il suo futuro.

  3. **Irripetibile**: un evento che accade oggi, in una condizione di spazio/tempo, non è detto che accada domani nella stessa situazione.

  4. **Non totalmente conoscibile**: in ognuno, c'è sempre una parte che non si conosce, perché relegata nell'inconscio.

- **TRANSDISCIPLINARE**, riguardo ai diversi ambiti di intervento (preventivo, educativo, riabilitativo, terapeutico), al rapporto con altre discipline dinamico-relazionali afferenti agli stessi principi; c'è un chiaro riferimento alla epistemologia della complessità. Il più semplice modello interattivo è quello della semplificazione che utilizza una logica unilogica su cui viene formulato il paradigma cartesiano aut-aut. Secondo questa formula le diverse discipline possono essere poste in relazione ma con il risultato di definire sempre più i loro confini[121].

Si tratta dunque di una teoria e un metodo che si sono dimostrati di particolare elettività nelle applicazioni a carattere arte-terapeutico[122]. I principi e le tecniche del metodo in questione coniugano movimento-suono-ritmo, trasformando questi tre elementi in un unico mediatore e attivatore di molteplici processi (psicomotori, emotivi, affettivi, cognitivi, intellettivi, espressivi, linguistici, comunicativi, sociali). Uno dei principi di base dell'M.D.T. indica che il lavoro va centrato sulle "parti sane" della persona attraverso un cammino riabilitativo finalizzato al prendersi cura dell'altro tramite un ascolto profondo per cercare di valorizzare capacità residue e le potenzialità del paziente, che va considerato parte attiva dell'intervento.

È questa, dunque, una metodologia di intervento conoscitivo e clinico, di modificazione della personalità; uno strumento concettuale e operativo utilizzabile ai fini della progettazione e realizzazione di piani preventivi, educativi e rieducativi, integrativi, riabilitativi, terapeutici. Valorizzare l'altro e valorizzare la sua espressione anche nella sofferenza, nelle parole non dette, negli schizzi, nel caos, nell'errore creativo. Ecco che l'errore acquista un valore e uno spazio in musicoterapia. "In ogni errore giace la possibilità di una storia" (Gianni Rodari): una storia, un plotting che si costruisce da quello che è stato distrutto e che rimane. Noi non ci aspettiamo una risposta esatta alle nostre domande, noi cerchiamo di comprendere quale strada vuole percorre l'altro e lo accompagniamo in questo viaggio in ascolto come amanti "senza memoria e desiderio". Siamo nella metafora dove Siamo alla ricerca di molteplici significati nella relazione che istauriamo. Siamo in uno spazio dinamico che cambia continuamente e per quanto noi cerchiamo le verità che possono sostenere la nostra osservazione Dobbiamo avere un atteggiamento dinamico, in continua evoluzione alla sua indeterminazione. Ecco che ciò che oggi risulta chiaro potrebbe essere un errore domani. Ecco perché l'errore va reso bello e vissuto in chiave estetica, ludica e ironica. L'errore ci aiuterà ad apprendere passo dopo passo chi è l'altro. L'altro non è mai in errore anche nell'errore. Per questo l'osservazione va' purificata da quelle sovrastrutture che ci imprigionano nell'osservazione fine a se stessa. Noi possiamo cadere in errore abbandonandoci alla realtà dello schema di teorie e regole di un metodo istituito per l'altro. Non si parla di una terapia a caso nei confronti dell'altro e neanche di una terapia perché sentirebbe il peso della sua sofferenza nei nostri confronti. Chiamiamola "canzone" da far nascere con pause, silenzi, errori, parole, interruzioni, slanci, da riflettere da ascoltare e da suonare con l'altro messa in forma estetica, un'opera d'arte della persona sentita nella sua esistenza che gli ridona quella bellezza e gioia dimenticata dal dolore.

4.2 Estetica fisiologica nella globalità dei linguaggi. La musica materna.

Considerando l'attitudine sinestesica implicita nell'essere umano, si può partire da una qualunque preferenza sensoriale trasponendola in altri linguaggi, e creando così una quantità di rispecchiamenti del mondo interno con l'esterno[123]. L'arte contemporanea, ad esempio, mostra di rivolgere sempre più intensamente l'attenzione verso la dimensione fisiologica, biologica, «vivente» del fruitore, cercando da un lato di shoccare lo spettatore, sino a procurargli, nella fruizione, reazioni fisiologiche estreme, di disgusto, di sdegno, di ripugnanza, oppure, dall'altro lato, cercando di compiacerne i sensi, per mezzo di "pacchetti" di emozioni di utilizzo rapido e indolore. Tale modo di procedere sollecita molteplici interrogativi. Ad esempio, sollecita a interrogare più approfonditamente il nesso tra l'arte e la dimensione del fisiologico, del "vivente" in senso lato, dal punto di vista di un'estetica non solo della fruizione, ma anche della creazione.

Se l'estetica è, appunto, *aisthesis*, cioè "senso, sensorialità", non stupisce che l'esperienza artistica, sia creativa sia fruitiva, abbia coinvolto anche in passato, in vario modo, la dimensione "vivente", biologica, dell'umano, addirittura la sua fisiologia e "visceralità". La vita, il vivente, sono stati al centro delle speculazioni dei filosofi sin dagli albori della riflessione estetica, in pieno Settecento. La cifra che distingue il moderno dal contemporaneo, nell'approccio estetico alle questioni della vita e del vivente, ci pare possa essere individuata nell'annullamento, tipico del contemporaneo, della distanza tra soggetto che recepisce "vivamente" l'arte e oggetto recepito, e che rende impossibile la riflessione critica e la formulazione di un giudizio estetico. L'arte contemporanea che si accosta alla vita, in altri termini, si immerge in essa completamente, vi si perde, vi si annienta, inducendo anche il suo fruitore a fare altrettanto: è il trionfo del fisiologico puro[124].

Nella Globalità dei Linguaggi – che appoggia lo sviluppo di un sistema intersensoriale – le arti vengono intese come possibili articolazioni del Sé, proprio etimologicamente, come l'estrema espressione dei movimenti più profondi dell'Essere. Far muovere un uomo significa considerare arti non solo le braccia e le gambe ma anche lo sguardo, il pensiero, e la parola e le tracce nei vari linguaggi, che ne sono estensioni. L'evoluzione della specie consiste nell'ampliamento di questa possibilità di spostamento attraverso gli arti e le Arti, per un potere sullo spazio e sul tempo sempre più grande, fino ad andare oltre i confini della presenza o esistenza fisica, con la possibilità di lasciare segni della mente: scrittura, poesia, pittura, architettura, "oggetti" segnati dalla qualità-quantità d'uso e soprattutto progetti, immagini, azioni. È poca cosa (anche se ritenuta miracolosa) far muovere braccia e gambe o lingua o mano, per ammaestrare, parlare o scrivere o suonare, se non significa far muovere la volontà, l'immaginazione come estrema estremità dell'Essere. Tutta questa capacità di sentire oltre qualunque handicap e disadattamento, proprio come risorsa umana geneticamente predisposta, inestinguibile e sempre in attesa di risveglio espressivo, è etimologicamente implicita nella parola *aesthetica*: educare è attivare l'estetica psicofisiologica umana[125].

Studi recenti hanno messo in evidenza come il processo educativo venga innescato già nel ventre materno. Nell'ultimo trimestre gestazionale, infatti, il feto risponde a stimoli sonori e rumori. È in questa fase – sostengono vari studiosi – che il piccolo comincia a riconoscere il suono della voce materna stringendo così ulteriormente il legame con la figura materna, che, attraverso la voce, verrà riconosciuta anche dopo la nascita.

La musicoterapia prenatale prevede una serie di attività per stimolare il piccolo e per favorire così la comunicazione fra mamma-bambino. La musica durante l'attesa è il canale privilegiato di questa comunicazione e le varie attività ritmico-sonore permettono di preparare una relazione affettiva equilibrata e serena, nonché di stimolare adeguatamente lo sviluppo strutturale e funzionale del sistema nervoso del feto stesso. Infatti, tutti gli stimoli presenti nell'ambiente nel quale il feto cresce (suoni interni ed esterni alla madre), contribuiscono allo sviluppo delle e vie sensoriali acustiche, favorendo anche il processo di maturazione strutturale e funzionale del Sistema Nervoso.[126] Ma la musica per eccellenza che piace al piccolo è senza dubbio quella prodotta dalla mamma, ossia la sua voce: la colorazione timbrica e melodica della voce materna è veicolo di emozioni ed affetti, è una carezza ed una "coccola sonora", ma anche un vero strumento per comunicare al piccolo stati di "trepidante accoglienza o al contrario di gelido rifiuto".[127]

In tal senso, il canto materno svolge un'influenza significativa e ampia interessando l'ambito relazionale, emotivo, attentivo e cognitivo. Il canto di ninnananne, filastrocche, canzoncine riesce spesso a calmare il piccolo, a ridurne il pianto, a farlo addormentare; favorisce le relazioni emozionali reciproche e avvicina psicologicamente chi canta e chi ascolta, quindi contribuisce alla formazione della relazione di attaccamento tra madre e bambino; aumenta l'attività motoria, il tempo di attenzione e il livello di attivazione del bambino (*arousal*). Inoltre da alcuni studi recenti compiuti da Schön[128] sembra che il canto favorisca l'apprendimento della lingua.

4.3 Glitch: l'errore musicale all'avanguardia

La musica è una forma d'arte. Tutti i musicisti dovrebbero trattare i propri componimenti come se si trattasse di un'opera d'arte unica e rara, rendendola molto più significativa. Questa considerazione sta alla base di quello che – nel panorama dei generi musicali – da quasi un ventennio prende il nome di Glitch.

Si pensa che la parola inglese *glitch* derivi dal termine tedesco *glitschen* (slittare). Tale genere musicale, comparso negli anni '90, prende il nome dal vocabolo *glitch*[129], di cui assume le connotazioni peculiari. Esso è realizzato secondo le teorie dell'estetica dell'errore, usando spesso e ritmicamente errori digitali o analogici registrati o generati, collage di suoni, rumori, tagli e soprattutto imperfezioni, "ritmate" tra loro grazie all'uso principalmente di software per PC e campionamenti vari. Il nome stesso deriva dall'uso di suoni *noise* e *glitch* che nel mondo musicale accademico sono considerati niente di più che un disturbo, malfunzionamenti puri, o strani effetti derivati dall'abuso dell'apparecchiatura audio come l'effetto di un CD rovinato che salta, un ronzio elettronico, la distorsione digitale e analogica, blocchi hardware o bug software, e anche lo stesso rumore o ronzio hardware. Il *Glitch sound*, ovvero l'errore elevato ad elemento artistico, un granulo di suono, estratti di un'onda sonora, elaborazioni software di un impulso casuale la registrazione del singhiozzo digitale a cui non è permessa la calda distorsione dell'analogico.

Il Glitch cambia l'estetica della musica, è un virus che s'inserisce anche in coloro che non sono avvezzi al digitale.

Inserisce i rumori della realtà del quotidiano alle modalità meccaniche che hanno imprigionato il suono guardando una realtà frammentaria, interrotta, psicotica, all'esistenza stessa di una società che ha bisogno di gridare il proprio rumore, l'interferenza per farsi riconoscere.

Alcuni considerano questo tipo di musica una forma d'arte più elevata rispetto a un qualsiasi altro tipo di musica. Questo perché a differenza di altri tipi di musicisti, i performer Glitch usano prendere i suoni, materiale riciclato o qualsiasi strumento che provochi delle vibrazioni che nessun altro vorrebbe e creano paesaggi sonori, spazi dove l'essere sonoro rispecchia il disagio esistenziale e fragile dei tempi. Una caratteristica che si nota subito in questo nuovo stile è il fatto che ogni artista riesce ad interpretarlo in modo del tutto proprio e originale utilizzando sorgenti più disparate e impensabili. Infatti, ciò che ha attirato appassionati al genere è che non ci sono regole. È davvero uno dei pochi generi di musica che non rispettano alcun insieme di regole.

Inoltre più che ogni altro tipo di musica elettronica è generalmente suonata dal vivo, segno della libera e incondizionata espressione del performer. Band o produttori che di solito sono definiti come Glitch non necessariamente escono con degli album; usano eseguire la loro musica nello stesso modo degli innovatori del movimento free jazz, improvvisando, sia dal sequencer sia in live-set.

Esempio di creatività e valorizzazione dell'errore, la musica Glitch si presta bene a sostenere la tesi finora affermata nel contesto dello studio proposto. Essa infatti adotta come capisaldi tre punti chiave: libertà creativa, espressività emozionale e valorizzazione dell'errore. In un contesto del genere la musica prodotta diventa specchio dell'animo umano legato ai sentimenti e alle situazioni del momento. Si lascia affiorare, cioè, l'essenza dell'intimo umano permettendo all'ascoltatore di leggerne le pagine, poiché "la musica non è questione di numeri, ma di emozioni vissute da individui e ogni persona è unica e irripetibile, a suo modo infinita. È meraviglioso come la musica abbia la possibilità di salvarci dall'irrigidimento, dalle convenzioni a cui tutti andiamo incontro e farci tornare uno stupore incantato nei confronti delle cose".[130]

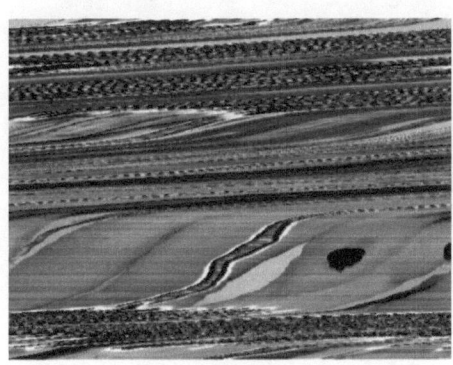

4.4 Il pensiero del cuore: bellezza e poesia. Ascolto poetico

Ascolto musicale, accensione simbolica, avventura psicoanalitica, portano ad una produzione di senso che è passiva perché non sono io che la governo, soggettiva perché commuove solo me, indicibile perché non può essere tradotta in parole. Bisogna abbandonarsi ad uno stile della mente che non sa nulla prima dell'esperienza. Il sapere è custodito nel nostro corpo.

La musica non ha linguaggio da poter costruire un vocabolario, il pensiero musicale non si lascia tradurre. Il simbolo non ha parole, non significa nulla, ma evoca, si accende di senso solo per la persona che gli si avvicina. L'esperienza psicoanalitica è intraducibile, l'inconscio non ha vocabolario e la fine di un'analisi non è una soluzione ma la possibilità di guardare nella profondità del proprio inconscio, ciò che non si lascia risolvere.

La musicalità del linguaggio parlato, la cantilena per cui si riconosce una voce è il suono che aggancia il segno a un'idea, non è il concetto. Suoni, simboli, odori suscitano sensazioni e pensieri in un'apparente passività del sentire. Nel suono c'è qualcosa dell'essenza, poi la lingua se ne allontana e diventa segno. Il simbolo musicale accende reti di pensieri non pensati e, come nella sinestesia, accende sensazioni che si fanno pensiero. Un simbolo è vivo quando fa sognare, il simbolo ci fa riunire metaforicamente alla madre, alla madre terra, perché noi abbiamo bisogno di dipendere da qualcuno. Nel momento in cui noi diciamo che non vogliamo dipendere da nessuno significa che abbiamo bisogno di esserne dipendente.

La poesia, quando è specchio dell'armonia razionale dell'anima, comunica un sentimento di «gioia» ma può anche visitare i luoghi più profondi del nostro cuore, ci aiuta nel processo edificativo. Poeta è colui che è capace di tradurre il linguaggio del mondo visibile in quello dell'invisibile. Un testo artistico deve infatti testimoniare l'ingegno morale dell'autore e deve, nel contempo, sollecitare la virtù dell'ascoltatore. La poesia è l'espressione del mondo di chi scrive, ed è sempre una commozione che tende a rappresentare e a trasformare in immagini ciò che l'uomo pensa, desidera, ama, crede, purché siano situazioni universali. E la ricerca della bellezza è una di queste. La parola tocca più delle mani, nella parola è nascosta la vera sensualità. La poesis

> Date bellezza agli uomini che gridano
> il pane e l'odio, cercate bellezza
> per gli uomini affamati e d'occhi rossi
> conturbati in disperazione,
> irosi chiedono il pane poiché non lo sanno
> di morire per fame di bellezza[131].

La via della Bellezza, va ricercata e percorsa, poiché l'uomo è creatura di ricerca e di speranza e ha in sé la capacità intellettiva di interpretazione dei segni della realtà esperita; per questo dalla realtà visibile può passare all'invisibile.

> E un poeta domandò: Parlaci della Bellezza.
> Ed egli rispose:
> Dove cercherete la bellezza, e dove pensate di trovarla,
> se non sarà lei stessa vostra via e vostra guida?
> Come potrete parlarne,
> se non sarà lei stessa la tessitrice del vostro discorso?
> L'afflitto e l'offeso dicono: "La bellezza è benevola e gentile.
> Cammina tra noi come una giovane madre,
> quasi schiva del proprio splendore".
> E l'appassionato dice:
> "No, la bellezza è qualcosa di possente e pauroso;
> Come tempesta,
> fa tremare la terra sotto di noi e il cielo sopra di noi".

Lo stanco e l'accasciato dicono:
"La bellezza è un tenue bisbiglio.
Parla nel nostro spirito.
La sua voce si adegua al nostro silenzio come una debole luce che trema per timore dell'ombra".
Ma l'irrequieto afferma: "Abbiamo udito il suo grido tra i monti,
E col suo urlo un rumore di zoccoli, e un battere di ali,
e un ruggire di leoni".
A notte i guardiani della città dicono:
"La bellezza sorgerà a oriente con l'aurora".
E nel meriggio gli operai e i viaggiatori dicono:
"L'abbiamo vista affacciarsi sulla terra dalle finestre del tramonto".
D'inverno, chi è isolato dalla neve dice:
"Arriverà a primavera, saltellando sulle colline".
E nel calore dell'estate, i mietitori dicono:
"L'abbiamo vista danzare con le foglie d'autunno,
e aveva tra i capelli uno spruzzo di neve".
Tutto questo avete detto della bellezza,
Ma in realtà, non parlavate di lei, ma di bisogni insoddisfatti;
La bellezza non è un bisogno, ma un'estasi.
Non è una bocca assetata né una mano vuota protesa,
È piuttosto un cuore infiammato e un'anima incantata.
Non è l'immagine che vorreste vedere,
e non è il canto che vorreste udire,
È piuttosto un'immagine da vedere a occhi chiusi e un canto da udire con le orecchie tappate.
Non è la linfa nei solchi della corteccia,
né un'ala accanto a un artiglio.
È piuttosto un giardino sempre fiorito,
e una moltitudine d'angeli eternamente in volo.
Popolo d'Orphalese, la bellezza è la vita
quando la vita toglie il velo dal proprio volto santo.
Ma voi siete la vita e siete il velo.
La bellezza è l'eternità che si contempla in uno specchio.
Ma voi siete l'eternità e siete lo specchio[132].

Quando si scrive e quando si dipinge, si dice o si scrive o si dipinge un'immagine di ciò che è dentro di noi che abbiamo visto e che però magari non ce ne ricordiamo più perché non ne abbiamo più il ricordo. È bello il ricordo perché viene da un "ritornare con il cuore" e non con la mente. Se si capisce questo, cambia il nostro atteggiamento verso le realtà e verso la memoria[133].

"L'ascolto poetico della realtà non ode il frastornante rumore delle parole con cui essa è nominata, il chiasso assordante con cui banalmente la pronunciano, ma il silenzio stupefacente e terrificante con cui le cose si presentano[134]". La nostra vita, le cose, tutta la realtà sono "messe in forma sonora": il suono delle parole racchiude le nostre vicende individuali, i nostri sentimenti e affetti, noi stessi, la nostra persona. I vocaboli sono "sostanze foniche" con cui si rappresenta ciò che Lorenzetti definisce "oggetti apparentemente fatti d'aria"[135]. "La parola sporge nel teatro della bocca per essere raccolta dall'incontro con l'altro"[136].

Da questo incontro scaturisce il senso, che deriva da un "ascolto poetico," cioè da un ascolto attento, affettuoso, disposto ad accogliere. Quando questo incontro non avviene, "allora le cose ci appaiono cariche di timore, come "fatte di paura". Sono le cose che non riusciamo a verbalizzare, che le nostre bocche non riescono a nominare in quanto cariche di angoscia. Esse attendono di incontrare qualcuno che ascolta col cuore, con umiltà; le parole autentiche "sono fatte di silenzio ascoltante".

"La parola è un atto a due facce, è un ponte gettato tra me e l'altro, e se un'estremità dipende da me, l'altra dipende dal mio destinatario"[137]. Freud, di fronte ai comportamenti delle sue pazienti (rifiuti, dinieghi) si era reso conto della necessità di prestare ascolto a ciò che non era manifesto, al non detto, al fine di trovare quello spazio su cui far riemergere il rimosso, il latente. Nel setting musicoterapico la sofferenza e i modi con cui questa viene manifestata sono oggetto di ascolto. Prescindendo dal personale orientamento, il terapeuta, deve cercare di "creare nel setting le condizioni adatte a creare uno spazio mentale libero e consapevole, tanto flessibile da consentirgli di dimenticare temporaneamente la propria estrazione, per tornare a ispirarsi a essa solo dopo aver saputo ospitare, con totalità, passione e rispetto, il paziente[138]".

Visto così dall'alto, uno sale qua sopra e potrebbe anche pensare che la natura vince sempre, che è ancora più forte dell'uomo e invece non è così! In fondo tutte le cose, anche le peggiori, una volta fatte poi si trovano una logica, una giustificazione per il solo fatto di esistere: fanno 'ste case schifose con le finestre in alluminio e i muri di mattoni finti… I balconcini, la gente ci va a abitare e ci mette le tendine, i gerani, la televisione e dopo un po' tutto fa parte del paesaggio, c'è, esiste, nessuno si ricorda più di com'era prima, non ci vuole niente a distruggere la bellezza… E allora… E allora invece della lotta politica, la coscienza di classe, tutte le manifestazioni e 'ste fissarie, bisognerebbe ricordare alla gente cos'è la bellezza, aiutarla a riconoscerla, a difenderla… La bellezza, è importante la bellezza, da quella scende giù tutto il resto.

Peppino Impastato

La bellezza non può essere interrogata: regna per diritto divino.

Oscar Wilde

La bellezza non è che il disvelamento di una tenebra caduta e dalla luce che ne è venuta fuori.
La tua bellezza è qui che mi acceca ed io non posso fuggire da ciò che lei mi dà.

A. Trainito – canzone

La bellezza delle cose esiste nella mente di chi le osserva.

David Hume

Esiste un pensiero più profondo, un *hic et nunc* che attraversa lo sguardo di un bambino, le parole di un poeta, il disegno di un pittore, nella canzone dell'artista. Nel grido del silenzio e della malattia. Ecco che esiste una bellezza più profonda proveniente dall'anima, dai battiti di un cuore che cercano le parole… dall'incontro del dolore e della verità che rende ogni cosa più sincera. L'incontro che purifica dal superfluo, che ti permette di arrivare alla fonte e alla verità delle cose. Una bellezza che è figlia di una fragilità e di un dolore che la rende ancora più bella. Esiste una bellezza che sfugge alla superficialità delle cose… alle regole stabilite e ai modelli canonici di bellezza, alla storia dell'estetica, al confezionamento ai bei sorrisi, al potere della forma, una bellezza che toglie il velo, che vuole arrivare all'essenziale delle cose. Ecco che *La grande bellezza,* film di recente pubblicato da Marco Sorrentino, va alla ricerca di quella bellezza autentica che mira a riprendersi l'essenza e l'autenticità dell'essere perduta nel mondo così cinico snob e perfetto, anatomicamente soffocato dagli ideali storici di bellezza che hanno dominato la cultura occidentale per secoli. Una bellezza che ha bisogno di solitudine per ritrovarsi nello spazio e nel tempo, che ha bisogno di togliere i vestiti e guardarsi dentro. Ecco perché i poeti, gli scrittori, gli artisti hanno il dono attraverso la parola di raccontare la bellezza dell'anima, quel silenzio che ascolta e dice più di tante parole.

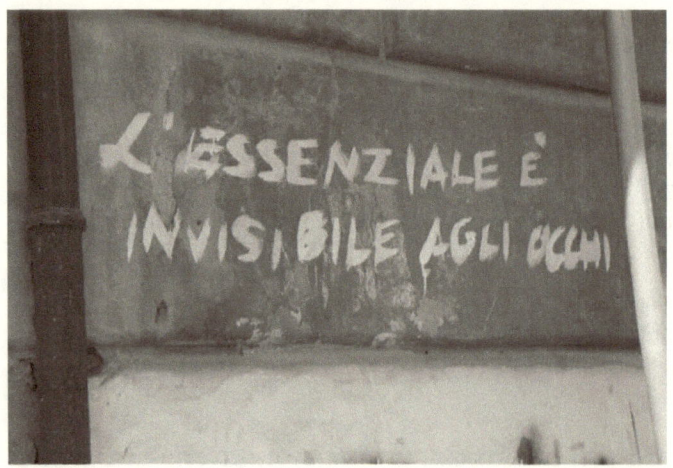

L'ambiguità, l'incertezza, la tensione conoscitiva del silenzio, come tensione desiderante un altro ascolto di sé e dell'altro. La persona per trovare un ascolto autentico sembra avere bisogno di un 'altrimenti' della stessa comprensione di sé che è rintracciabile nel luogo della possibilità di potenziali ascolti diversi da quelli dicibili, che è il luogo del silenzio.

Il pensiero della bellezza è il pensiero dell'altrimenti delle cose, del mondo, dell'esperienza, della conoscenza, che ha in sé proprio questo idioma che oscilla fra il sorprendente e l'indicibile, fra lo stupore e l'ineffabile. In verità, per poter pronunciare qualche cosa su questo genere di pensiero occorrerebbe muovere dal suo contrario: dalla bellezza del pensare, dalla bellezza di quel particolare pensiero che si eleva sopra il banale, che rifiuta la banalità di un pensiero banale, che, piuttosto, sa avvertire tutta la realtà – ogni realtà – nella sua eccezionalità.

Anche in questa operazione del pensiero si tratta di cercare nuovi confini del pensare: pensare contro il pensiero routinario, pensare l'impensato e l'impensabile, pensare nella tensione amante – appassionante – lo stesso pensare... In filosofia Simone Weil rende la bellezza al di sopra dell'intelligenza e addita a un tipo di pensiero estetico, quale quello poetico, fondamentale per lo sviluppo della persona come un bisogno primario pressante quale quello del nutrirsi.

Nel testo la condizione operaia (1994, 285), Weil precisa che "il popolo ha bisogno di poesia come di pane", ma non di "poesia racchiusa nelle parole", il che significa rendere la poesia nella vita: fare della vita poesia, opera d'arte, destino di bellezza. Cioè che "sia la poesia sostanza quotidiana" dell'esistenza. In questa prospettiva bellezza e vita rimandano l'una all'altra, animandosi a vicenda. In tale reciprocità è collocabile l'asserzione di Dostoevskij che la bellezza salverà il mondo. Forse il pensiero della bellezza orienta l'uomo nella qualità della propria intelligenza, e nell'uso che può farne, per salvare se stesso e il mondo. L'uomo infatti ha un destino di bellezza che è chiamato ad assolvere al fine di rendere migliore la qualità dell'esistenza propria, altrui, collettiva.

Se la bellezza è superamento, oltrepassamento, dell'intelligenza, vuol dire che la dimensione estetica in essa racchiusa ha un potenziale notevole per rendere lo stesso sentire e pensare in modo particolarmente, squisitamente intelligente[139].

4.5 Improvvisazione beat dell'emozione

Era come quando si sedeva al pianoforte e attaccava a suonare, non c'erano dubbi nelle sue mani, e i tasti sembravano aspettare quelle note da sempre, sembravano finiti lì per loro. Sembrava che inventasse lì per lì: ma da qualche parte, nella sua testa, quelle note erano scritte da sempre.

Alessandro Baricco, *Novecento*

Non riuscivo più a sopportare le armonie stereotipate che allora venivano continuamente impiegate da tutti. Continuavo a pensare che doveva esserci qualche cosa di diverso. A volte riuscivo a sentire qualcosa, ma non ero in grado di suonarlo...

Charlie Parker

"Cantare la vostra tristezza vi alleggerisce il cuore. Ma gli urlatori del blues comunicavano molto di più della tristezza. Trasmettevano anche messaggi codificati in musica. Se arrivava il padrone, potevate cantare un avvertimento nascosto ai lavoratori del campo vicino...il blues vi poteva segnalare quello che stava per succedere. Capivo che il blues era una questione di sopravvivenza". [140]

B. B. King

L'improvvisazione (dal lat. *improvisus* – inaspettato, inatteso) per sua natura costitutiva è qualcosa che principalmente accade e che poco si presta ad una classificazione. Oltremodo l'atto improvvisativo in sé è qualcosa d'evanescente, effimero e transitorio, che possiamo ben dire antitetico a una rigorosa teoria scientifica che, invece, è tanto più valida quanto più riesce a predire con esattezza l'evento oggetto d'indagine.

L'improvvisazione va vista come la caduta di una frana: un evento improvviso preparato da molto tempo. [141]

Tutto questo potrebbe far pensare che l'improvvisazione in sé sia qualcosa che non si studia, perché semplicemente accade, e dunque non lascia traccia. Ma così non è. È possibile trovare dei percorsi, delle esperienze consapevoli, quando l'improvvisazione acquista la peculiarità di un atto che specializza una forma. Allora l'improvvisazione è spesso un'accezione di una disciplina artistica o comunque di un ambito dove libertà e creatività sono fortemente richieste. Un musicista, ad esempio, nel momento in cui improvvisa, grazie alla preparazione teorica e tecnica, alla sensibilità e al gusto estetico, crea un qualche cosa di formalmente riconosciuto. Improvvisare musica significa esprimere l'attimo, il momento, sentire il flusso emotivo dentro di noi che si trasforma per miracolo in musica. Chi ascolta può "ri-sentire certe forme", emozionarsi ed eventualmente rispondere, dando vita ad un dialogo. La fonte dell'improvvisazione può essere intellettuale, fisica, emotiva. I musicisti jazz, ad esempio, spiegano l'interesse per l'improvvisazione come un modo per superare le limitazioni di quello che può essere composto e scritto. Durante le improvvisazioni vengono commessi sbagli, che sono comunque ammessi come parte della performance stessa. I conoscitori possono addirittura apprezzare le stecche in cui si mettono a nudo i processi mentali del solista[142].

Un esempio di improvvisatore d'eccellenza fu Buddy Bolden.

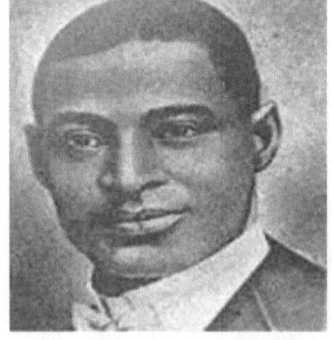

Egli fu il primo musicista statunitense che iniziò a improvvisare. Cornettista di colore vissuto a New Orleans (1877-1931), è considerato il padre del jazz perché' grazie a lui si diffonde in molte parti d'America. Lavora da solo fino a che non forma un gruppo che presto creerà molte canzoni ascoltate oggi dall'influenza ragtime. I suoi toni alti e squillanti fanno di lui un virtuoso cornettista che gli daranno notorietà alle sfilate e raduni di New Orleans attribuendogli la fama di miglior banda del momento (1895).

Successivamente la sua salute mentale diede sintomi di instabilità, venne ricoverato e gli fu diagnosticata una demenza precoce (schizofrenia); egli trascorse il resto dei suoi anni rinchiuso in un istituto mentale.

Non si hanno materiali sufficienti perché' Buddy non ha mai inciso registrazioni. Il suo stile è stato immortalato nel brano classico del jazz (*I Thought I Heard Buddy BoldenSay*), basato sul tema della canzone *Funky Butt* dello stesso Bolden. Esistono stili ricreati sull'esempio del suo stile eseguiti da Bunk Johnson in registrazioni degli anni 40.

Alcuni studi effettuati ipotizzano che il jazz sia nato a causa degli handicap cognitivi di un malato mentale con forte capacità di improvvisazione. Bolden non era in grado di leggere la musica e quindi l'unico modo di suonare era improvvisare. Un'improvvisazione gettata li sul momento che faceva ricorrere all'attimo *beat*. La maggior parte dei neri d'America non sapeva legger la musica ma aveva un gran bisogno di esprimere note e suoni che attraversavano il cuore e la testa.

La *beat generation*, invece, fu un movimento artistico e letterario sviluppatosi dal secondo dopoguerra a fine anni cinquanta negli Stati Uniti. Tra gli autori più importanti ricordiamo Jack Kerouac, Allen Ginsberg, William Burroughs, Lawrence Ferlinghetti.

Il termine beat può avere molteplici significati e in italiano tradotto e spiegato in varie accezioni. *Beat* come battuto, sconfitto dalle costrizioni e dalle regole imposte della società e dal sistema. *Beat* come battito, *beat* come ritmo, incalzante e incessante, che sviscera tutto ciò che la mente contiene. Il termine *beat* non è stato solamente usato dai beat per definire il senso di "battito", ma anche nel senso di "beato" come condizione spirituale indotta dalla filosofia zen e come significato "ritmico" avvicinato alla musica jazz, in particolare alle forme rivoluzionarie del "be-bop" e del "free jazz".

Il ritmo beat era dovuto alla musica del momento. Il famoso be-bop del sassofonista Charlie Parker, detto bird, mandava in delirio gli amanti di jazz tra cui Kerouac.

Charley Parker Sembrava Buddha
Charley Parker, scomparso di recente
Ridere di giocoliere sul televisore
dopo settimane di tensione e di malattia,
è stato chiamato Musicista Perfetto.
E la sua espressione sul suo volto
Era calmo, bello e profondo
Come l'immagine del Buddha
Rappresentato in Oriente, gli occhi socchiusi,
L'espressione che dice: «Tutto è bene»
- Questo era che Charley Parker
Ha detto quando ha giocato, va tutto bene.
Hai avuto la sensazione di early-in - la mattina
Come la gioia di un eremita, o come il grido perfetto
Di qualche banda selvaggio a una jam session
- Charley scoppio
I suoi polmoni per raggiungere la velocità
Di ciò che i velocisti volevano
E quello che volevano
Era il suo rallentamento Eterna.
Un grande musicista e un grande creatore di forme
Che alla fine trovano espressione
A Mores e quello che hai.

Jack Kerouac
da *Mexico City Blues* (1959)

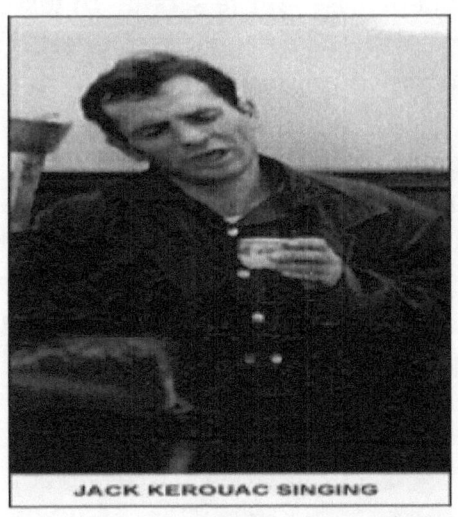

JACK KEROUAC SINGING

La parola *beat* è stata molto in voga in Italia quando fu tradotto e divulgato come simbolo e manifesto del mondo *beat,* il romanzo di Jack Kerouac "On the road" (Sulla strada). Tradurre il significato della parola non è facile: molti hanno risolto semplicisticamente coniando il termine "gioventù bruciata" in omaggio allo stile di James Dean, mito di un'adolescenza incompresa, ma questo mal si adatta invece allo stile di vita dei ragazzi che rinunciarono alla facile sicurezza del conformismo per isolarsi in una società autonoma e svincolata dalle norme sociali allora correnti. Questa indipendenza ha fatto spesso accostare i *beat* alla delinquenza minorile e in sede letteraria alla "generazione perduta". Sono ovviamente due accostamenti troppo sbrigativi in quanto il fenomeno *beat* ha avuto un'autonomia e una coerenza ben precise con lo svolgimento della storia della cultura americana attraverso un arco di una ventina di anni dal finire dei '50 all'inizio dei '70.

Nata all'inizio del '900 la musica jazz ebbe i suoi natali a New Orleans che è considerata la sua prima vera capitale. In questa città, dove razze differenti e culture differenti coesistettero fin dalla sua nascita, i musicisti di jazz, soprattutto neri, suonavano dovunque capitasse, per le strade, in feste pubbliche, sui battelli fluviali, ai funerali e negli innumerevoli locali trovando il terreno adatto per sopravvivere e sviluppare la propria arte.

Storyville, immenso quartiere proibito della città, divenne, con la sua fitta rete di club e locali notturni che attiravano una gran quantità di turisti, uno dei punti di maggior sviluppo del jazz. Già in questa parola, completamente differente dalla parola jazz ed estremamente ritmica, si comprende come gli uomini che svilupparono questa musica, e cioè in primo luogo Charlie Parker.

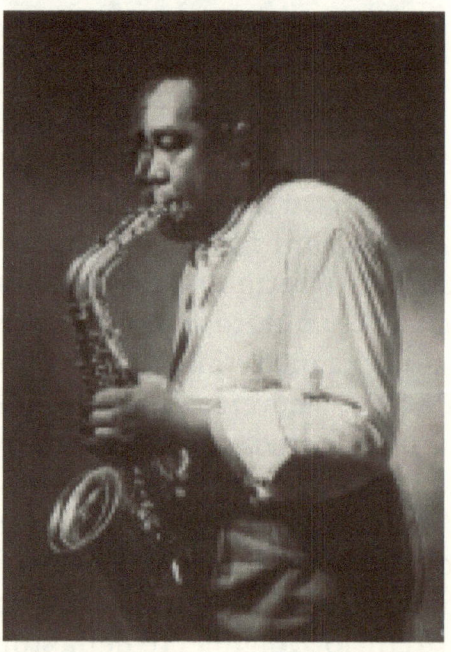

IL BE-BOP è uno stile del jazz caratterizzato da tempi veloci e improvvisazione sulla base della struttura armonica piuttosto che della melodia. Ha avuto inizio nei primi anni della seconda guerra mondiale ed è sviluppato dagli inizi degli anni quaranta.

Ci potrebbe essere un solo nome per definire questa musica: BIRD. Bird è il soprannome di Charlie Parker, musicista, suonatore di sax alto. Nato a Kansas City nel 1920 da una famiglia nera povera, Charlie Parker detto Yardbird e successivamente Bird, probabilmente per la sua fantastica capacità di "volare" con il suo strumento mosse i suoi primi passi musicali in quella stessa città bevendosi la lezione di Lester Young nell'orchestra di Bennie Moten.

Il suo stile sembrava derivare direttamente da Lester Young ma conteneva oltre al blues e alla sonorità algida qualcosa di differente.

> *Sì, quella notte improvvisai a lungo su Cherokee. Mentre lo facevo mi accorsi che impiegando come linea melodica gli intervalli più alti degli accordi, mettendovi sotto armonie nuove, abbastanza affini, stavo suonando improvvisamente ciò che per tutto quel tempo avevo sentito dentro di me. Rinacqui a nuova vita.*

A queste jam sessions partecipavano decine di musicisti che si sfidavano in tenzone a chi improvvisava meglio sui temi standards allora conosciuti. Al Minton's Parker fece la conoscenza con gli altri uomini fondamentali del Bop, il pianista Thelonius Monk, il trombettista Dizzy Gillespie, il batterista Kenny Clarke, il pianista Bud Powell. Questi temi, suonati spesso a velocità vertiginosa, spiazzarono in breve tempo gli uomini dello Swing segnando l'inizio dell'era del Be-Bop.

Le jams al Minton's servivano per sperimentare nuove armonie e nuovi "trucchi" per usare un'espressione cara ai jazzmen. Parker ad esempio aveva scoperto come usare le note più "alte" degli accordi per suonare melodie fresche e nuove. Raddoppiando poi, grazie al suo eccelso virtuosismo, il tempo di queste melodie egli riusciva a fare acquistare loro un sapore inusitato e diabolico pari forse alla stessa sensazione che dovevano avere gli spettatori che ascoltavano Paganini suonare il violino.

Dall'analisi dei testi di questi autori emerge l'immagine di una generazione che non crede più ai miti pseudoscientifici della meccanizzazione americana, né all'incondizionata adorazione del denaro. Bisogna trovare il modo di togliere di mezzo tutte le sovrastrutture dei mass media e crearsi una nuova verginità intellettuale e ecologica. Questa voglia di scoprire realtà più vere perché racchiuse in noi stessi portarono Ginsberg e Kerouac soprattutto a vivere esperienze girovaghe in tutto il mondo. Nel loro girovagare, nel loro essere "On the road" si riconobbe tutta una generazione di giovani ansiosi di ritrovare se stessi e come disse una volta paradossalmente Kerouac: "Sto cercando Dio. Voglio che Dio mi mostri il suo volto". Questo fa anche comprendere come l'intero movimento *beat* avrebbe abbracciato il credo della non violenza e come questa perentoria affermazione di Kerouac "Voglio che Dio mi mostri il suo volto" fosse l'espressione di una ricerca di identità basata sulla fede, si badi bene qualunque fede, cristiana, musulmana, buddista o personale, a raggiungimento della realizzazione della personalità individuale e lo scorrere di quei viaggi dell'inconscio venivano immortalati negli attimi, improvvisando quei versi sintesi di un'esistenza on the road senza più un'identità, una casa ,una nazione, vagabonda che correva nelle strade senza avere il tempo di fermare quel flusso di vita. Il battito del *beat* va inteso dunque come il battito dei cuori di tutta una generazione che si risvegliava come da un secolare sonno della ragione: niente più guerre, viva l'amore universale.

Il jazz è un genere musicale di origine statunitense nato nei primi anni del XX secolo nelle comunità afroamericane del sud degli stati uniti. Frutto dell'incontro musicale di tradizioni musicali africane e europee. Alcuni parametri sono di origine europea come l'armonia, la melodia, la scrittura musicale, gli strumenti, mentre l'improvvisazione libera e espressiva del sé è caratteristica della cultura africana. Caratteristica fondamentale è il ritmo swing spesso sincopato, l'uso intenso dell'improvvisazione.

Nasce come liberazione dai dolori e sofferenze della schiavitù del popolo nero costretto a lavorare duramente nei campi. Gli schiavi neri, deportati dall'Africa dal 1500 al 1865, si incontrarono con gli europei giunti a colonizzare le Americhe, e dall'incrocio di forze sotterranee di un popolo considerato istintivo (gli africani) e dall'idealismo occidentale nato dalla Grecia classica e dal mondo germanico.

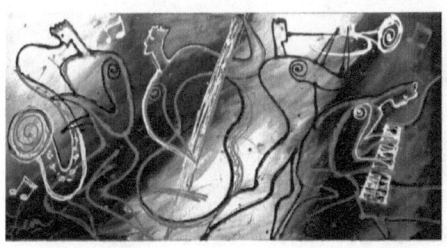

Il Free Jazz

Niente nasce dal niente e nulla nasce per caso. Questa definizione ben si addice alla trasformazione improvvisa del jazz negli anni '60. Negli anni '50 il Be-Bop esaurita la sua carica rivoluzionaria si era evoluto seguendo due strade il Cool e l'Hard-Bop. I musicisti del Cool, Jerry Mulligan, Stan Kenton, Jimmy Giuffre, Lennie Tristano e Chet Baker, seguivano personali strade di intellettualizzazione del jazz ricercando atmosfere particolarmente raffinate.

Il processo non fu rapidissimo giacché il primo disco di Ornette Coleman, il principale artefice del movimento free, "The shape of jazz to come" del '59, era un esperimento di abbandono graduale della forma standard anche se in maniera più profonda di quella tentata da Mingus.

Una logica invece Ornette Coleman ce l'aveva ed era una logica musicale che si era fatto attraverso anni di approfonditi studi di armonia. La sua musica infrangeva ogni principio e ogni regola musicale fino ad allora conosciuta nel jazz, liberando i musicisti da tutte le "prigioni" armoniche e di forma allora esistenti. Ma, come ogni rivoluzionario che si rispetti, Ornette aveva dentro di lui ben salde le idee della tradizione che doveva esprimere e mantenere, e queste idee espresse dal suono della voce dei suoi strumenti, si rifacevano addirittura ad un passato remoto. I suoni del suo sax alto, della sua tromba e del suo violino ricordavano le prime grida degli *shouters* (urlatori) nei campi e si poteva capire che nella sua anima ardeva il fuoco del blues primigeneo.

Passando all'analisi dello stile poetico degli autori sopra citati, ci si rende conto del profondo mutamento avvenuto nella poesia americana nell'arco di un secolo e della grande preparazione e conoscenza della tradizione di questi poeti. Si parte dal verso composto di un numero regolare di sillabe accentate variate coera stato vero solo per gli ultimi cento anni o poco più. Il problema era quindi che la forma poetica non rifletteva più le emozioni della parlata comune.

Per arrivare a ciò si deve intonare l'orecchio alla parlata reale delle persone che ci circondano. Questo è uno dei punti fondamentali del collegamento musicale-poetico della poesia beat dapprima con il be-bop e successivamente con il freejazz. Anche nel freejazz infatti le forme tradizionali della canzone standard americana, già forzate cromaticamente dal Be-bop, vengono aperte dall'interno liberando dall'armonia sia il ritmo sia la melodia cioè in un certo senso la frase parlata. Sia nella poesia sia nella musica ci si rese conto di come l'antica notazione metrica e musicale fosse troppo rozza e come venisse spontanea l'esigenza di basarsi su

Vediamo dunque come esistesse tutto un movimento culturale di cui facevano parte i poeti beat e gli uomini del freejazz, impegnati a scoprire e sviluppare nuove forme che mettessero in massimo risalto i suoni stessi della strada e delle parole comuni, sintetizzando il concetto: l'urlo di una generazione.

Questo sfata il preconcetto che questi poeti, vista la mancanza di forma fossero totalmente anarchici, in realtà si rifanno ad una profonda tradizione americana e diventano loro stessi tradizione nel superamento degli schemi. Ciò permette a ciascun poeta di esprimersi secondo il suo proprio ritmo, quello del suo linguaggio e del linguaggio che lo circonda senza essere incatenato in schemi fissi. Si realizza quindi quella libertà intellettuale che questo movimento poetico, poneva come il principale dei suoi obiettivi.

L'errore Nel Jazz

> *Non esiste una nota sbagliata.*
> Art Tatum

Una delle caratteristiche fondamentali di questa musica è la ricerca del "fattore umano", cioè di quella componente che una performance live **unica storica irripetibile** può causare. Una sbavatura o un errore non solo vengono giustificati, ma addirittura apprezzati in quanto è un'urgenza di espressione del musicista. Lo spiro del musicista non si misura con la perfezione musicale ma con la profondità e il vissuto del suono che travolge. Il perturbante estetico è essenziale per comprendersi e rispecchiare se stessi. Noi siamo anche errori da codificare. L'errore, cioè la nota sbagliata, può essere uno spunto, un seme da cui far partire nuove idee. Per esempio se al pianista scappa una nota che non ha nessun significato armonico rispetto all'accordo, può cominciare a ripetere più volte quella nota errata, suonandola prima di note cordali vicine. Insistendo così con astuzia su quella note, l'orecchio dell'ascoltatore comincia pian piano ad accettarla e ad inserirla nel contesto musicale. Da lì si prende una nuova strada. È un'idea, un pensiero originale che fa nascere un discorso[143].

> Bollani riascoltava l'accompagnamento che aveva registrato per una canzone con la figlia e ad un certo punto lei gli dice: «Bella quella cosa, peccato che fai un errore!», lui le chiede «Quale errore?» e lei risponde: «Due note troppo vicine». Era un accordo con un semitono all'interno che al suo orecchio risultava strano. E invece è il suono di Bill Evans. L'errore... nel Jazz l'errore può essere una porta che si apre. (Parliamo di musica di Stefano Bollani)

Davide Sparti nell'occhio sonoro dice che "L'occhio ha un riparo, la palpebra. L'orecchio invece non ha protezione: è una cavità aperta".

La vista seleziona, può concentrarsi su un oggetto e tralasciare gli altri. Può in qualche modo "immobilizzare" un oggetto, sostanziandosi in quel codice che è la scrittura. L'udito invece è passivo, esposto – scrive Sparti – "agli eventi sonori che non controlla ma subisce". Eppure anche la musica – che per sua natura è evanescente: il suono non è un oggetto ma "un qualcosa che accade, un evento" e l'evento è ciò che nel momento stesso in cui avviene svanisce – è stata "sottomessa" al giogo della scrittura. In che modo? Attraverso la notazione, un codice desonorizzato nel quale "la musica muore come evento acustico, per iscriversi in un segno grafico". Lo scopo della tradizione occidentale, che ha elevato la partitura a una relazione identitaria con la musica, è di sottrarre – è la tesi di Sparti – la musica ai territori della contingenza, per assicurarla a quelli della stabilità. Riscattarla insomma dal dominio del tempo. Ma in qualche modo, questa operazione finisce per scontrarsi contro l'irriducibilità della musica a un codice scritto (e stabile), dato che la musica è per sua natura "flusso temporale".

Ma c'è un senso più profondo nel quale l'udito resiste a questa ri-duzione. "L'udito – scrive Sparti – ci consegna alla contingenza", a una relazione con il mondo che si inscrive nella temporalità. E l'improvvisazione jazz è più di altre la forma d'arte che nel No-vecento ha ripreso, esaltato e si è immerso nella contingenza.

In che modo l'improvvisazione ci riconsegna alla contin-genza? L'improvvisazione, spiega Sparti, è anzitutto un'azione, "l'azione del generare musica nel corso di una performance". Non solo: l'azione jazzistica è davvero tale se si confronta con l'ignoto, se consente di sperimentare il limite. Chi improvvisa non sa dove lo condurrà la sua improvvisazione. Se la desti-nazione fosse nota, e con essa il tragitto da percorrere, non vi sarebbe improvvisazione. Il musicista jazz ricerca l'in-audito, il nuovo, ciò che ha il potere di sorprendere, ciò che non è stato ancora esplorato. La vera cifra dell'improvvisazione jazz è la ricerca dell'originalità. Tanto più si allontana da territori sicuri, tanto più riuscirà ad essere "sorprendente" e tanto più aumenterà il rischio che fallisca. Ecco perché – spiega Sparti – l'improvvisazione è costitutivamente esposizione al rischio. "Comportando l'abbandono volontario della routine e delle reti di sicurezza che garantiscono lo svolgimento della vita quotidiana, si potrebbe davvero affermare che l'agire improv-visato attualizza il potenziale umano della natalità, dell'uscire allo scoperto". Nella sua ricerca dell'in-audito, il musicista può incappare nell'errore. In quella che Sparti chiama "l'estetica dell'imperfezione", la categoria dell'errore però quasi si dis-solve. L'errore paradossalmente nel jazz non esiste, esiste solo il confine tra il noto e l'ignoto, lo scontato e l'imprevedibile, il già ascoltato e il sorprendente.

Se l'in-audito è ciò a cui tende costantemente l'improvvisa-zione jazz, una delle sue "rivoluzioni" è la messa in discus-sione del confine tra suono e rumore. Qui l'improvvisazione jazz incontra i territori esplorati dalla musica contemporanea,

Anna Maria Arianna Trainito

in particolare – nell'analisi di Sparti – da John Cage. "Lo scopo di Cage – scrive Sparti in *Suoni inauditi* – è quello di mettere in discussione la partizione convenzionale fra suoni musicali e rumore, allargando la nozione di suono e liberando la dissonanza – anzi liberando tutti i suoni udibili – dal pregiudizio musicale. Esprimendosi contro l'idea che vi siano suoni predestinati a un uso musicale, nonché, correlativamente, che il rumore abbia un'unica valenza espressiva, la negazione del musicale, Cage insiste sul fatto che nessun suono è musicale o non musicale: dipende dal contesto in cui trova posto"[144].

In musicoterapia l'improvvisazione è una fondamentale caratteristica della messa in relazione con l'altro. l'altro ci parla improvvisando e anche noi rispondiamo all'improvviso. si trovano molti punti in comune con quella propriamente musicale (strumenti, forme, persone...), dare forma e espressione a ciò che si sente che ma esistono anche altre competenze (transfert – controtransfert, personale analisi sonora, fenomeni fonosimbolici...), ugualmente importanti che ne connotano le premesse epistemologiche e gli obiettivi. Quindi, per ben operare all'interno del setting, attraverso una comunicazione prevalentemente o totalmente non verbale, a notevoli competenze musicali vanno affiancate anche adeguate competenze meta-musicali.

L'improvvisazione in musicoterapia pertanto non è un percorso casuale, ma la sintesi di un lavoro che invece poggia su solide fondamenta. Poiché, nel setting musicoterapico, la relazione con l'altro si basa sul non verbale, l'operatore deve essere allenato a dialogare con un tipo di linguaggio apparentemente non convenzionale, che "...è la fonte comunicativa più preziosa per creare comprensione, fiducia e per contestualizzare i significati degli stati emotivi".[145] L'assunto di base è quello di intervenire sui processi e le strutture formali della comunicazione, senza andare a toccare i contenuti. Questo vuol dire astenersi dall'esprimere qualsiasi forma di giudizio o valutazione, concentrandosi su "che cosa" avviene nella relazione, invece di sindacare sul "perché" avviene. Andare a lavorare sulla situazione attuale, piuttosto che sulle cause del passato.

L'esperienza in questo settore mostra come l'utilizzazione del suono e della musica faciliti l'apertura di un canale di comunicazione, anche nei casi di particolare gravità[146], poiché si ottengono momenti di interazione particolarmente ricchi e coinvolgenti anche sul piano emotivo.

Col tempo si è cominciato a comprendere sempre meglio che il comportamento interattivo, anche nei bambini gravemente ritardati, è governato da una grammatica e da una sintassi, cioè da una serie di regole generali e particolari, la cui conoscenza, comprensione e padronanza facilitano di molto l'instaurarsi di una comunicazione produttiva (cioè non stereotipata o confusiva). Quello che, al contrario, appare molto differente è il "lessico", o repertorio di segnali disponibili. Esso necessita di un periodo di apprendistato, quasi si trattasse di acquisire i vocaboli di una lingua straniera. In questo campo, il problema maggiore consiste nell'individuazione del canale o dei canali privilegiati di comunicazione[147] e nella scelta di un livello di segmentazione del flusso comportamentale del bambino, che consenta di "estrarne" elementi discreti con valore di "segnale"[148].

4.6 Musica, mente, cervello. Neuroscienza cognitiva della musica.

Il cuore e la mente, che grande enigma.

Charlie Chaplin

La musica è una legge morale: essa dà un'anima all'universo,
le ali al pensiero, uno slancio all'immaginazione,
un fascino alla tristezza, un impulso alla gaiezza,
e la vita a tutte le cose.
Essa è l'essenza dell'ordine ed eleva ciò che è buono, giusto e bello,
di cui essa è la forma invisibile,
ma tuttavia splendente, appassionata ed eterna.

Platone, 400 a.C. (dai Dialoghi)

La musica è da sempre parte integrante della storia dell'uomo: segna i momenti più importanti della vita, racconta le vicende, caratterizza culture, popoli ed epoche storiche. Il fascino subìto dall'ascolto di una melodia è innegabile, evidentemente il suo potere non risiede solo nella semplice suggestione, per questo motivo i neuroscienziati hanno iniziato ad interrogarsi sull'origine della sensazione di benessere provocata dall'ascolto di musica.

Studi neuro cognitivi hanno evidenziato come il neonato si dimostri sensibile agli stimoli sonori e musicali e le sue capacità cerebrali siano abbastanza sviluppate da consentirgli non solo di percepire, ma anche di ricordare la musica ascoltata nell'utero materno. Il bambino sembra venire al mondo con un cervello già ben preparato ad elaborare il proprio mondo musicale e la capacità di percepire la musica è innata[149]. Molto si è incominciato a capire in questo campo da quando negli ultimi anni si sono andate affinando le tecniche di indagine neurofunzionale (RMNf, magnetoencefalografia, EEG e potenziali evento correlati ecc.) anche se la maggior parte della strada per la comprensione di come lavora il nostro cervello in relazione all'evento musicale deve essere ancora percorsa, ammesso che sia mai possibile percorrerla totalmente.

Quello che affascina dell'esperienza musicale è che essa, a livello cerebrale, produce molteplici effetti. Ascoltando musica vengono attivate le aree uditive, la corteccia uditiva primaria e le relative aree associative, ma vengono attivate anche aree visive, tattili e motorie (si pensi alla danza), aree del piacere (che appaiono simili e in parte in comune con quelle di altre gratificazioni, come per il cibo o lo stimolo sessuale)[150]. Inoltre la musica ha un effetto analgesico oppioido-simile (mediato dalle endorfine), agisce sul sistema neurovegetativo (in particolare sul ritmo cardiaco e la pressione arteriosa), sul sistema endocrino (ACTH, cortisolo, ossitocina, vasopressina) e sul sistema immunitario (agendo sui linfociti NK e sull'interleukina 6)[151].

Il piacere suscitato dall'esperienza musicale trova la sua spiegazione all'interno dei processi fisiologici che regolano l'attività cerebrale, ossia nella produzione di dopamina, un neurotrasmettitore responsabile della sensazione di piacere associata al sistema di ricompensa cerebrale. I ricercatori della McGill University di Montreal hanno condotto uno studio in cui rivelano che anche nei momenti che precedono l'ascolto (il momento dell'attesa o dell'anticipazione di un'attività), il cervello produce dopamina (come avviene per cibo, droga e sesso). La scoperta suggerisce perché la musica abbia un'importanza così significativa nella vita delle persone. Il gruppo di scienziati ha misurato la quantità di dopamina prodotta in relazione all'ascolto di musica e ha osservato quali fossero le particolari sensazioni procurate: cambiamenti nel battito cardiaco, nella respirazione, nella temperatura corporea. Una nuova combinazione di PET e fMRI ha rilevato che il rilascio di dopamina è maggiore per il genere musicale che si preferisce, rispetto ad una qualunque altra musica; dunque i livelli di uscita del neurotrasmettitore sono correlati con il grado di eccitazione emotiva e con le valutazioni di piacevolezza.

In relazione a ciò, negli ultimi anni sono stati sviluppati programmi che hanno dimostrato come i pazienti neurologici possono trarre grandi benefici nel partecipare con costanza ad attività motorie accompagnate dall'utilizzo della musica. Pertanto, si stanno sviluppando progetti di ricerca che utilizzano la musica e la musicoterapia in vari ambiti della neurologia, considerata l'esigenza di un approccio anche non sanitario alle malattie neurologiche, focalizzato sulla promozione della salute oltre che sulla cura e sulla riabilitazione della patologia neurologica.

Ci sono due componenti principali in ogni persona: la mente cosciente e quella inconscia, e queste, nella maggior parte di noi, sono divise e disperse in infiniti modi e direzioni. La funzione della musica, come quella di ogni altra salutare attività, è quella di aiutare a riportare a unità queste parti separate. La musica fa questo fornendo un momento in cui, essendo smarrita la consapevolezza dello spazio e del tempo, viene integrata la molteplicità degli elementi che costituisce un individuo, ed egli è Uno.

John Cage

Cosa rimane di tutte le esperienze vissute, tutte le nostre emozioni, impressioni contenuti nella nostra memoria affettiva-corporea che raccontano il nostro io? Se abbiamo la consapevolezza e l'illusione di avere una conoscenza totale di ciò che siamo in superficie, in realtà ci sbagliamo infatti "siamo ignoti a noi stessi" totalmente sconosciuto l'universo del nostro inconscio. Risulta che i dati del nostro inconscio superino per oltre 10 milioni ad 1 quelli del conscio. Siamo luce e ombra. Il nostro inconscio è qualcosa che ci appartiene ma nello stesso tempo ci sfugge. Il nostro inconscio è un nuovo mondo da scoprire, l'oceano indefinito che con le sue onde pulsa e batte di acque sconosciute. La musica può farci un grande dono; ci mette in relazione con l'universo più sconosciuto, la parte più nascosta del nostro essere. Essa mette in relazione la sensazione e il pensiero due funzioni che sono in rapporto indissolubile tra loro, dato che la confusione di uno porta alla confusione dell'altro e viceversa la conoscenza di uno porta alla conoscenza dell'altro. l'essenza della musica ci richiede una conoscenza diversa dal solito sapere, i suoni si collegano direttamente con il simbolismo e con gli affetti trascendendo il linguaggio verbale.

Il simbolo è quel qualcosa che va oltre il significato. il simbolo non ha parole, non significa nulla ma si accende di senso per chi si avvicina. La musica non ha un linguaggio semiologico di cui si può costruir un vocabolario. Il pensiero musicale non si lascia tradurre senza perdere qualcosa di sé ma ci conduce alla scoperta di nuovi emozioni, immagini, ricordi che chi ascolta crea all'istante.

Quindi lo stimolo di una melodia, l'ascolto di una canzone o di una musica in un tempo e spazio definito conduce chi ascolta a un processo sinestetico che interessa una zona mentale che riconosce, crea, collega, per cui un suono o un odore ci conduce verso un pensiero, un ricordo, tracce del nostro vissuto affettivo- corporeo che riemergono nel nostro conscio.

Nell'ineffabilità e nell'indicibilità c'è la potenza emotiva e affettiva della musica. Prendiamo in considerazione un episodio della vita di un grande compositore. Chopin innamorato di Maria Wodzinska scrive il Valzer Op. 69 n. 1 a lei dedicato quando, dopo un periodo abbastanza lungo ed intenso trascorso insieme, si devono separare e giunge il momento di salutarsi. Fryderyk avverte un'inspiegabile angoscia; inspiegabile perché sa che il tempo della separazione sarà breve, inoltre Maria è addolorata per la sua partenza, gli dona persino una rosa che vuole sia conservata per tutta la vita. Mentre Maria lo guarda senza parlare lui si siede al pianoforte e le "dice addio" a suo modo, componendo il Valzer che lei chiamerà il Valzer dell'addio. La musica è la tristezza desolante di un distacco che diventerà definitivo dopo tempo.

Ascoltando il brano si può immaginare il loro addio, si può rivivere un "proprio personale addio" o, se non si conosce il contesto dell'opera si può ricordare un episodio struggente della propria vita. Una musica può richiamare emozioni diverse, ma anche significati diversi; oppure una musica già ascoltata può stimolare l'immaginazione di nuovi scenari. Quindi ciascuno attribuisce alla stessa musica un senso personale utilizzando prevalentemente il registro delle emozioni e degli affetti, meno quello linguistico. Accade che quella musica si impone alla mente e al cuore con forza emotivo-affettiva, evocando un ricordo con inimmaginabile accuratezza, avvolgendo un segreto privato; la musica può affondare nelle parti più profonde e intime del nostro essere, là dove sensazione, emozione, idea, pensiero ricercano la strada per emergere. È così che la musica ci offre il suo aiuto; Schumann diceva che l'artista ha il dovere di

mandar luce nel profondo del cuore umano
Come la marea la musica sovente mi rapisce e inalbero
la vela sotto nebbiosa volta
O nell'azzurro verso la mia pallida stella.
Petto in avanti, come vela gonfio, scavalco
Dei gran flutti accavallati le creste, che la notte mi nasconde.
In me sento vibrare affetti opposti come una vela che patisce.
Il vento che l'asseconda ei convulsi
strappi della tempesta sull'immenso abisso mi cullano.
Altre volte poi, bonaccia[152].

Cosa sono le emozioni? In psicologia le emozioni sono delle modificazioni fisiologiche, nei processi cognitivi e nelle reazioni comportamentali, in risposta a una situazione che è percepita dal soggetto. Vengono considerati come sistemi complessi e multidimensionali che svolgono un'importante ruolo nel rapporto tra l'individuo e l'ambiente. Le risposte delle emozioni possono essere di diverso tipo:

- **fisiologiche** (alterazioni della frequenza cardiaca e respiratoria, della pressione sanguigna);

- **motorie**;

- **motorie espressive** (alterazioni della mimica facciale, dei gesti, della voce).

Il sistema nervoso autonomo, costituito da simpatico e parasimpatico, è uno dei maggiori componenti neurologici delle emozioni. Il simpatico attiva il corpo aumentando la frequenza cardiaca, stimolando la secrezione di adrenalina e di altri neurotrasmettitori e la trasformazione del glicogeno per produrre energia. Il parasimpatico invece è un inibitore che abbassa la frequenza cardiaca, stimola la digestione e la secrezione salivare. È stato verificato che differenti tipi di musica possono stimolare sia il simpatico che il parasimpatico. Ascoltare musica sembra stimolare anche il rilascio di endorfine coinvolgendo il sistema limbico che contiene un gran numero di recettori per gli oppioidi endogeni.

Questo risulta particolarmente importante in relazione alle terapie effettuate con suono e musica. Sappiamo infatti che la musica ha la caratteristica peculiare di transitare senza mediazioni dagli apparati uditivi del sistema limbico, che è il centro dove sorgono le risposte emotive. Un ruolo fondamentale svolge l'amigdala che riceve gli input dal talamo prima di esser elaborato dalla corteccia. Lei avverte gli input prima di tutti. È ritenuta il centro di integrazione di processi neurologici superiori come le emozioni, coinvolta anche nei sistemi della memoria emozionale. È attiva nel sistema di comparazione degli stimoli ricevuti con le esperienze passate e nell'elaborazione degli stimoli olfattivi.

Il rapporto tra musica e mondo affettivo nel corso della storia è stato altamente tormentato discusso e problematizzato e racchiude in sé diversi aspetti. Storicamente, e limitandoci a un ambito occidentale, opinioni al riguardo si possono trovare già in Platone, che, nella "Repubblica" insiste sulla necessità di bandire, dal suo modello ideale di Città, alcune tipologie di musiche che attraverso i loro presunti effetti sulle emozioni, sono associati a comportamenti negativi. Sul rapporto tra musica ed emozione esiste una lunga tradizione di studi ad opera di estetici e musicologi le cui idee sopravvivono nel pensiero contemporaneo, sia nell'ambito della filosofia della musica sia per quanto riguarda la psicologia sperimentale.

In particolare, il lavoro dell'estetica musicale sul significato in musica è importante per la ricerca psicologica sulle espressioni musicali dell'emozione, e per operare distinzioni tra emozioni semplici, emozioni complesse e stati d'animo. Tuttavia la letteratura su musica ed emozione presenta ancora un quadro disomogeneo. Probabilmente, la questione centrale del rapporto "Musica-Emozione" riguarda l'espressione e l'induzione di emozioni con la musica. Il compositore nell'atto del creare musica esprime il proprio mondo affettivo, incorpora significati ed emozioni. Viceversa chi ascolta musica trova una rispondenza con il proprio mondo affettivo, prova emozioni e attribuisce significati. La musica pertanto denota e connota gli affetti.

A partire dal Settecento si afferma genericamente che la musica è imitazione o espressione dei sentimenti e delle emozioni e si vuole affermare con ciò che la musica ha un rapporto privilegiato con il nostro mondo emotivo piuttosto che con la ragione e i concetti; questa importante affermazione ha costituito una base fondamentale su cui impostare tutta la futura estetica musicale.

Altra questione storica è il legame tra il linguaggio e musica. Secondo alcune correnti la musica non può essere svincolata dal suo rapporto costitutivo con il linguaggio ed è parte del linguaggio stesso. Una parte del linguaggio è suono, è musica, è immagine del sentimento allo stato puro. Riprendendo le parole di Rousseau, la musica rappresenta l'elemento prelinguistico presente nel linguaggio stesso, in ogni linguaggio costituito. Perciò Rousseau rifiuta la musica strumentale pura perché troppo lontana dal senso, priva anche dell'aspirazione alla denotazione, rischiando così o il puro ornamento o il sentimento allo stato puro e informale.

Dall'altra parte il romanticismo ci viene incontro nel spiegare l'autosufficienza della musica strumentale ma ancora una volta nel segno della relazione con la parola. La musica infatti giungerebbe là dove la parola non giunge, in quelle regioni dove il verbo tace e lascia il posto per l'appunto all'indicibile, cioè all'espressione musicale. Si è spesso detto che la musica è un linguaggio intraducibile, ma se così fosse, in senso stretto non potremmo neppure parlare della musica mentre l'esperienza di tutti è che della musica si parla continuamente e che si può scrivere interi libri sulla musica, sensati a loro modo, in cui si cerca di dire cosa vuol significare la musica. Come afferma con acume Michel Imberty "non si passa dal linguaggio alla musica per gradi successivi di generalizzazione, poiché i due sistemi non sono dello stesso ordine."

Al di là delle varie concezioni a volte contrastanti si può affermare che la musica porta alla luce, mette in evidenza, sottolinea e fa emergere ciò che nel linguaggio è soffocato o rimane allo stato latente.

> *Credo che sarà la musica a salvare le anime.*
> *D'altronde è l'unico paradiso che conosco*
>
> D. Beltrano

Senza la capacità di produrre emozioni la vita non avrebbe senso e significato. Esse si formano attraverso il vissuto psicologico di ognuno, hanno un carattere universale e oggettivo ma anche di unicità e soggettività da decifrare e riconoscere.

Chi non ha conosciuto la gioia, la paura, la rabbia, la tristezza almeno una volta nella vita? La maggior parte degli studi in psicologia sulle emozioni si è focalizzata sul riconoscerle attraverso stimoli visivi visto la difficoltà del grande materiale emozionale sempre sfuggente e difficile da catalogare. Studiare la relazione tra musica e emozioni ci aiuta a comprendere ancora di più il mondo delle emozioni.

La musica, qualunque essa sia, sa suscitare e comunicare le nostre emozioni quando raggiunge il cuore, e non è traducibile con le parole. Capita spesso di provare una forte emozione e dire "mi mancano le parole" infatti le sensazioni più forti, gli stati d'animo più intensi li percepiamo ascoltando. Le emozioni sono legate al nostro vissuto, all'esperienza emotiva, ecco che la musica diventa il sottofondo relativo a ogni nostro attimo vissuto, quindi una melodia triste ci riporta a vivere il ricordo di un amore finito, di un distacco, di una perdita di un nostro caro.

Una canzone d'amore ci fa vivere il sentimento dell'amore in quel tempo determinato con i suoi tempi, i suoi accenti, le sue armonie, gli strumenti che colorano quel sentimento puro cantato messo in forma fino a elevare l'anima verso l'infinito, verso paradisi lontani o verso luoghi oscuri che possano comunque cullare il tuo silenzio come la carezza di una madre a un bimbo. ecco che la musica diventa il balsamo che profuma ogni emozione che ridona bellezza e senso nell'intenzione, nel gesto tenero di un bambino che si attinge a camminare, correre, vivere, ecco l'autenticità di un'emozione messa in vita, ecco la fotografia della vita, l'attimo e ancora l'attimo della poesia sussurrata, danzata a ritmo movimento e tempo.

Quelle parole cucite come trame quelle parole sciolte al cuore, quell'eccitabilità dell'attesa, dello sconosciuto che rimane fonte di salvezza per i cuori soli, affranti dal dolore, dalla solitudine dei tempi, dal delirio comportamentale della società, un grido di dolore che diventa una dolce melodia che si estende nel corpo nell'anima, nell'universo, che non ha bisogno di parole e di linguaggio costituito che informa l'ascoltatore, lo incatena, quel pensiero del cuore che non ha un vocabolario ma si accende di senso non avendo senso.

Gli elementi che contribuiscono al manifestarsi dell'emozione sono: il timbro degli strumenti: acuto, medio, grave. Il ritmo: alcune musiche troppo dissonanti o con ritmi irregolari, come è spesso il caso di certa musica contemporanea, hanno una connotazione acusticamente sgradevole. Il piano temporale che rende la musica imprevedibile, in quanto non vi è modo di sapere, a un dato istante, quello che accadrà l'attimo successivo.

Conclusioni

Bisogna avere un caos dentro di sé
per generar una stella danzante...

Friedrich Nietzsche

L'errore ci aiuterà ad apprendere ancora di più chi è l'altro. Noi non siamo educatori nei confronti dell'altro ma cerchiamo di tirare fuori quello che l'altro nasconde e ha rimosso per paura di sbagliare. Nessuna vergogna per gli sbagli commessi, non serve far sentir il rumore del senso di colpa per la sua diversità nel mondo. È il mondo che non è in grado di comprendere la bellezza dell'altro in quanto diverso, la bellezza dell'errore nella creatività è un passo successivo nei tempi. Andare oltre alla linearità espressiva e far risalire il mondo dell'inconscio, della creatività, della libera espressione.

Popper diceva sognavo di poter un giorno fondare una scuola in cui si potesse apprendere senza annoiarsi, e si fosse stimolati a porre dei problemi e a discuterli: una scuola in cui non si dovessero sentire risposte non sollecitate a domande non poste; in cui non si dovesse studiare in modo meccanico al fine di superar gli esami.

Una scuola dove l'espressione e l'errore fa nascere nuove storie. Una scuola dove il bambino deve sentirsi libero di muoversi, di esprimersi e di sviluppare le sue potenzialità e i loro talenti. Una scuola dove non si senta la paura di sbagliare ma comprendere come l'errore possa essere originale nel dare nuove possibilità e ipotesi e possa costruire la possibilità di nuove storie che stimolino la creatività, la fantasia e immaginazione. Ecco che gli insegnanti dovrebbero abbandonare i loro vecchi parametri di valutazione e curare l'enorme potenziale del bambino. La

175

musicoterapia in questa fase storica è la figura che deve occuparsi di riscoprire quelle parti che sono state a lungo nascoste e schiacciate dall'educazione, dalla sanità, dalla famiglia e dalla società per ritrovare la consapevolezza delle proprie potenzialità, parti sane e migliorare la qualità della vita in modo creativo.

La creatività produce uno stato emozionale profondo. Un atto creativo, di per sé, infatti, rende disponibili ad esprimere qualcosa della nostra individualità, rendendola più visibile, dandole una forma e rendendo più dinamico e vitale il rapporto con noi stessi, con gli altri e con il mondo. Diversi motivi possono generare, però, un blocco nel gesto creativo e possono rendere apatici e insofferenti.

Ecco perché a tal proposito può risultare importante avallare la tesi del mio assunto. Valorizzare l'errore creativo, cioè, può dar luogo a forme d'arte impreviste e non canoniche – pertanto originali. Ciò è possibile solo dando alla mente umana la possibilità di avere spazio e libertà immaginativa, soprattutto in caso di disagio fisico o emotivo.

L'attitudine di rielaborare in modo creativo le proprie esperienze, tra l'altro, non è che una ulteriore modalità che rende possibile il perpetuarsi della specie umana: ciò avviene sotto l'aspetto di quella forma di evoluzione, oggi scarsamente incoraggiata, che è, appunto, l'evoluzione creatrice.

L'evoluzione dell'uomo, non intesa solo sul piano biologico, ma sotto il profilo esistenziale, è fatta di parole, di elaborazioni mentali, di miti, di riti e soprattutto di opere autopoietiche, atte a riprodurre la natura antropologica di ogni essere umano. Il raccontare se stessi attraverso la musica o un gesto artistico può essere un atto di libertà e non un atto condizionato, anche a partire da un errore. In questo senso creare bellezza è restituire positività all'essere umano ed alla vita stessa. Il **processo crea-**

tivo, in altre parole, pone l'uomo nelle condizioni di rigenerarsi.

La musica, per le caratteristiche di globalità e di simultaneità comunicazionale, permette la visione contemporanea di voce e gesto, di sé e dell'altro, del contesto oggettivo, fisico, e di quello soggettivo. Con essa si stimolano le funzioni mentali assopite, ma si agisce anche sul conflitto nevrotico e si stimola il gusto della produzione creativa. Le immagini suscitate della musica sono di tipo onirico, aspecifiche, impalpabili e sconclusionate come quelle dei sogni. Ma proprio nella aleatorietà di queste rappresentazioni sussiste quella multipotenzialità prospettica che rende l'immaginario creativo. Il divario tra l'immaginario onirico e quello della memoria "fotografica" dà spazio alla scelta soggettiva, all'interpretatività della percezione o dell'intenzionalità del gesto. In questo spazio soggettivo si colloca il momento della scelta affettiva o logica del comportamento.

Soggettività e libertà immaginativa, in un contesto musicoterapeutico, diventano allora – come ampiamente documentato in questo mio scritto – i perni attorno a cui può ruotare l'azione terapeutica dell'errore creativo. La creatività non consiste, infatti, nei prodotti dei lavori artistici, siano essi quadri o sinfonie, ma è invece costituita dalla "maniera che ha l'individuo di incontrarsi con la realtà esterna": essa è universale, appartiene al fatto di essere vivi e si può considerare come una cosa in sé, qualcosa che è necessario se l'artista deve produrre un lavoro d'arte, ma anche qualcosa che è presente quando chicchessia guarda in maniera sana una qualunque cosa o fa una qualunque cosa deliberatamente.

L'impulso creativo – va ulteriormente ribadito – è presente alla stessa maniera nel "bambino ritardato" come "nell'architetto che improvvisamente sa che cosa è che lui desidera costruire".

La creatività non può essere mai del tutto annullata, anche nei casi più estremi di false personalità, tuttavia può restare nascosta e questo viene a determinare la differenza tra il "vivere creativamente e il semplice vivere".

Gli errori nel mondo

Il serpente bidone nasce dal serpente pitone,
contrabbasso può nascere da sasso.
Ottomobile, una automobile con otto ruoto.
C'era una volta una bambina di nome cappuccetto giallo,
la capitale dell'Itagglia è Catania
che si trova vicino rema e tutti remavano contro.
Gattocielo diventa una storia fantastica di un gatto
che sogna di volare guardando gli uccelli e gli aerei passare.

Bibliografia

AA. VV., (1987), *Le contretransfert,* Bibliotheque de Analitica, Navarin Paris, 1987.

Andreoli Vittorino, Provasi Giancarlo, *Elogio dell'errore,* Bur Rizzoli, Milano, 2011.

Angela Piero, *Da zero a tre anni,* Mondadori, Milano, 1975.

Aristotele, *Metafisica,* IV (Γ), 7, 1011 b.

Auditore Alessandra, Pasini Francesca, *La Musicoterapia Prenatale e Perinatale: un'esperienza,* Vol. V, n. 2, Giu. 1997.

Baudelaire Charles, "La musica", in *I fiori del male,* Poulet-Malassis, 1857.

Benassi Elisa, "Aspettar cantando: la voce nella scena degli affetti prenatali", in *Musica et Terapia,* Vol. V, n. 2, Giu. 1997.

Binanti Luigino (a cura di), *Pedagogia, epistemologia e didattica dell'errore,* Rubettino, 2001.

BohrNiels, *Teoria dell'atomo e conoscenza umana,* Boringhieri, Torino, 1961.

Breton André, *Manifesti del Surrealismo,* Einaudi, Torino, 2003.

Breton André, "Il y aura une fois"[1932], in: Id., *Clair de terre,* Paris, Gallimard, 1966.

Bria Pietro, "Freud, l'inconscio, la musica", *Settimane Musicali,* Gustav Mahler 2010, Venerdì 6 Agosto 2010, "100 anni – Incontro tra Freud e Mahler".

Capelli Armida Carla, Lorenzetti Loredano Matteo (a cura di), *Bambini in ospedale e musicoterapia,* Quaderni CIGI, Pavia 1989.

Cartesio, *Regulaeaddirectionemingenii*, Meiner, 1973.

Cassirer Ernst, *Saggio sull'uomo*, Armando, Roma 1972.

Cattaneo Marco, "Heisenberg" in *I grandi della scienza*, «Le scienze», novembre 2000. Ristampato in *I grandi della scienza*, vol. II, La biblioteca di Repubblica, 2005.

Ceruti Mauro, Preta Lorena (a cura di), *Cos'è la conoscenza*, Laterza, Bari, 1990.

Croce Benedetto, *Logica come scienza del concetto puro*, Laterza, Bari, 1958, 7ª ed.

Cropley Arthur, *La creatività*, La Nuova Italia, 1981.

Crotti Evi, Magni Alberto, *Come interpretare gli scarabocchi*, Red edizioni, Milano, 2006.

Darley John M. et al., *Fondamenti di psicologia*, Il Mulino, Bologna, 1995.

Darwin Charles, *Sull'origine delle specie per mezzo della selezione naturale o la preservazione delle razze favorite nella lotta per la vita*, John Murray, Londra, 1859.

De Bono Edward, *Creatività e pensiero laterale*, Rizzoli Bur, Milano, 1998.

Di Poce Donato, *Guardare non è vedere*, CFR Edizioni, Sondrio, 2012.

Di Poce Donato, *Scintille di CreAttività*, CFR Edizioni, Sondrio, 2012.

Dostoevskij Fedor, *L'Idiota*, Einaudi, Torino, 1868.

Dovolich Claudia, *Singolare e molteplice. Michel Foucault e la questione del soggetto*, Franco Angeli, Milano, 1999.

Eco Umberto, "Che bell'errore!", *l'Espresso n. 14*, marzo 1985.

Fasolo Ugo, *L'Isola assediata*, Venezia 1957, in. S. Spartà, *Poesia di ispirazione cristiana*, Editrice Rogate, Roma 1996.

Ferrari Giuseppe, *Opere di Giambattista Vico*, vol. 5, Società Tipog. De' Classici Italiani, 1837.

Oliverio Ferraris Anna, *Il significato del disegno infantile*, Boringhieri, Torino, 1978.

Foucault Michel, *Antologia. L'impazienza della libertà*, Feltrinelli, Milano, 2005.

Freud Sigmund, "Il Mosè di Michelangelo", *Opere*, vol.VII, 1913.

Freud Sigmund, "L'interpretazione dei sogni", *Opere*, vol. 3, Boringhieri, Torino, 1976.

Gagliardi F., Lorenzetti L. M. (a cura di), "Euritmia e musicoterapia", *Quaderni del Teatro di Pisa*, n. 2, Pisa, 1984.

Genesi, II, 16-17

Gibran Kahlil, *Il Profeta*, Feltrinelli, Milano, 2006.

Giordanetti Piero, *L'estetica fisiologica di Kant*, Mimesis Edizioni, 2001.

Guerra Lisi Stefania, *ART RIBEL nella Globalità dei Linguaggi*, Edizioni ETS, Pisa, 2008.

GuilfordJoy Paul, "La creatività", in Beaudot A. (a cura di), *La creatività*, Loescher, Torino, 1977.

Hegel Georg W.F., *Estetica [1836-1838]*, a cura di Nicolao Merker, Einaudi, Torino, 1997.

Herder Johann G., *Idee sulla filosofia della storia dell'umanità*, cit., 1791.

Imberty Michel, "La musica e l'inconscio" in *Enciclopedia della musica*, diretta da J. J. Nattiez, II, Il sapere musicale, Einaudi, Torino, 2002.

Kant Immanuel, *Critica del Giudizio*, Laterza, 5ª ed., Bari, 1997.

King B.B., *Blues Around Me*.

Klein Melanie, "L'importanza della formazione dei simboli nello sviluppo dell'io", in *Scritti*, Boringhieri, Torino, 1930.

Lacan Jacques, *"Gli scritti tecnici di Freud"*, 1953-54.

Lacan Jacques, *L'etica della psicoanalisi*, Seminario VII 1959-60.

Lopez Luisa, "Incontro fra Neuroscienze e Musica", in *Quaderni*, acp, 2007.

Lorenzetti Loredano Matteo, "La dimensione estetica del sentire pensare essere", in *Interventi a.a. 2005-2006*.

Lorenzetti Loredano Matteo (a cura di), *Il pensiero della bellezza*, Franco Angeli, Milano, 2008.

Lorenzetti Loredano Matteo (a cura di), *Arti-terapia: eidoterapia, musicoterapia, danzaterapia*; Provincia di Milano, Milano 1994.

Lorenzetti Loredano Matteo, *Conoscenza estetica cambiamento*, Franco Angeli, Milano, 1999.

Lorenzetti Loredano Matteo (a cura di), *L'ascolto poetico della conoscenza*, Franco Angeli, Milano, 1996.

Lorenzetti Loredano Matteo (a cura di), *La dimensione estetica dell'esperienza*, Franco Angeli, Milano, 1995.

Lorenzetti Loredano Matteo, *La base poietica della mente*, Montefeltro, Urbino, 2003.

Lorenzetti Loredano Matteo, Maurizio Zani (a cura di), *Estetica ed esistenza: Deleuze, Derrida, Foucault, Weil*, Franco Angeli, Milano, 2001.

Lorenzetti Loredano Matteo, *Musicoterapia teorica ed epistemologia*, P.c.c., Assisi, 1984.

Malaguzzi Loris, *I cento linguaggi dei bambini*, Junior, 2010.

Maslow Abraham H., cit., in LiesbethHenkemans *"E guai a te se non giochi. Gioco, fantasia e creatività. Riflessioni e proposte*", Armando Editore, Roma, 1999.

Merton Robert K., Barber Elinor G., *Viaggi e avventure della Serendipity*, Il Mulino, Bologna, 2008.

Minois Georges, *La ricerca della felicità*, Edizioni Dedalo, Bari, 2010.

Montessori Maria, *Come educare il potenziale umano*, Garzanti, 2007.

Morgan Charles, *La stanza vuota*, Mondadori, Milano, 1948.

Morin Edgar, *Introduzione al pensiero complesso- Gli strumenti per affrontare la sfida della complessità*, tr. it. a cura di M. Corbani, Sperling & Kupfer, Milano, 1993.

Morin Edgar, *La conoscenza della conoscenza*, Feltrinelli, Milano, 1989.

Morin Edgar, *L'anno I dell'era ecologica*, Armando, Roma, 2007.

Panizon Franco, *La musica, i suoi effetti comunicativi e neurofisiologici, e la musicoterapia*, Medico e Bambino, 2008.

Perls Frederick S., Hefferline Ralph F., Goodman Paul, "*Teoria e pratica della terapia della gestalt - vitalità e accrescimento nella personalità umana*", Astrolabio Edizioni, 1951.

Piras Marcello, *Gli ingranaggi di Turkish Mambo*, Musica Jazz, Aprile 1985.

Reitano Francesco, *La riscoperta dell'Eden. Intervento di musicoterapia nel prematuro tramite un lavoro ricostruttivo degli aspetti psicoemotivi dei genitori*, ilmiolibro.it, 2008.

Rodari Gianni, *Grammatica della fantasia*, Einaudi, Torino, 1974.

Santagostino Paola, *Guarire con una fiaba*, Feltrinelli, Milano 2006.

Scardovelli Mauro, *Il flauto di Pan. Musica, Complessità, Comuni-*

cazione, ECIG, 1998.

Schettini Bruno, "Dalla fiabazione all'autobiografia: il circolo virtuoso della cura di sé. Il ruolo di genitori, insegnanti, educatori", in: *Centro per le Famiglie, II Report d'Attività 2002-2007*, (a cura di) Gabriella Ferrari Bravo (resp. Progetto), Napoli, 2008.

Schön D., Akiva-Kabiri L., Vecchi T., "Psicologia della musica", in *Musica et Terapia*, Carocci Editore, Roma, 2007.

Scilligo Pio, *La nuova sinfonia dei molti sé*, Editrice LAS, Roma, 2004.

Sterne Lawrence, *Un viaggio sentimentale*, a cura di G. Ipsevich Bocca, UTET ("I grandi scrittori stranieri" n. 23), Torino, 1932.

Szwed John F., *Jazz! Una guida completa per ascoltare e amare la musica jazz*, EDT, 2009.

Vivarelli Pia, "*Magritte e il linguaggio rappresentato*", NAC, maggio 1974, Dedalo, Bari.

Wallas Graham, *The Art of Thought*. New York, Harcourt, Brace, 1926. In Arieti S., *Creatività. La sintesi magica*, Il Pensiero Scientifico Editore, Roma, 1979.

Weil Simone, "Discesa di Dio", in *La grecia e le intuizioni precristiane*, Borla, 1999.

Weil Simone, *Lezioni di filosofia 1933-1934*, raccolte da A. Reynaud-Guérithault, Adelphi, Milano, 1999.

Weil Simone, "*Sulla scienza*", ed. Borla, 1998.

Weil Simone, *Lettre à Bousquiet*, Gallimard, Paris, 1962.

Winnicott Donalds W., *Gioco e realtà*, Editore Armando, Roma, 1974.

Witman Walt, *Foglie d'erba*, Rizzoli, Milano, 1988.

Zatorre Robert, "Music the food of neurosciences", *Nature*, vol. 434.

Zerbetto Riccardo, "Il mondo è pieno di dei (Talete di Mileto)", *Psicoterapia della gestalt contemporanea. Esperienze e strumenti di intervento. Atti del Congresso della Federazione Italiana delle Scuole e Istituti di Gestalt-FISIG*, febbraio 2008, (a cura di) Marilena Menditto, Franco Angeli, Milano, 2011.

Sitografia

Allevi Giovanni, cit. (11/06/2013)

http://myfrasiaforismi.blogspot.it/2011/05/frasi-aforismi-musica.html

Canovi Alfredo, *"Il paradigma di Forrest Gump, Elogio alla mediocrità e all'errore creativo"*, Maggio 2011, (30/05/2013)

http://www.riflessioni.it/angolo_filosofico/mediocrita-errore-creativo-1.htm

Curriculum Esposizioni, *Art Roibel, Espressione creativa attraverso differenti punti di vista, Dall'Art Brut all'Art Ri-bel,* (05/06/2013)

http://www.artesss.com/artribel/art-brut.html

De Lucia Fabrizio, *"Musicoterapia per lo staff. Tempo e piacere ritrovato."*, (10/06/2013)

http://www.frammentidilunaverde.net/Download/Musica/FDeLucia.pdf

Fanti Claudia, (11/06/2013)

http://www.edscuola.com/archivio/ped/non_programmi.htm

Faustini Luciano, (10/06/2013)

http://www.artedicambiare.org/TERAPIADELLAGESTALT/tabid/56/Default.aspx

Gavagnin Pietro, (a cura di), *Kant "Critica del giudizio"* (29/06/2013)

http://www.pgava.net/filo_materiali_5/Kant_giudizio.pdf

Gawronski Stas', *La poesia e la bellezza: intervista a Franco Loi 16/03/2008*, (11/06/2013) http://bombacarta.com/2008/03/16/la-poesia-e-la-bellezza-intervista-a-franco-loi/

Guerra Lisi Stefania *"Sinestesi Arti nella Globalità dei Linguaggi. Metodo innovativo per l'Integrazione"*,(18/06/2013)

http://www.soundbeam.it/documents/guerra.pdf

"La filosofia dell'errore", (11/06/2013)

http://lospaccio.wordpress.com/2011/04/14/la-filosofia-dellerrore/

Lorenzetti Loredano Matteo, (12/06/2013)

http://www.musicoterapiarelazionale.it/metodo.html

Newson, 1977, cit. (02/07/2013)

http://www.mauroscardovelli.com/MT/Musicoterapia/Dialogo_sonoro.html

Portera Mariagrazia, *"Nietzsche, Hölderlin, Kant. L'arte e il vivente"*, (01/06/2013)

http://www.aisthesisonline.it/2010/1-2010/nietzsche-holderlin-kant-l%E2%80%99arte-e-il-vivente/

Vivarelli Viviana, (27/05/2013)

http://danilopicchiotti.blogspot.it/2009/09/arte-arte-e-psicoanalisi-il-surrealismo.html

Zollo Giuseppe, *"Il valore dell'errore nel processo di apprendimento"* (07/06/2013)

http://www.funzioniobiettivo.it/glossadid/Didattica%20dell'errore.pdf

Note

[1] Cfr. K. Popper, "Il progresso della conoscenza", a cura di Diego Fusaro, in http://www.filosofico.net/popper7.htm

[2] Cfr. Morin Edgar, *L'anno I dell'era ecologica*, Armando 2007.

[3] Cfr. Aristotele, *Metafisica*, IV (Γ), 7, 1011 b.

[4] Cfr. E. Morin, *La conoscenza della conoscenza*, Feltrinelli 1989, p. 21

[5] Cfr. Morin Edgar, *Introduzione al pensiero complesso- Gli strumenti per affrontare la sfida della complessità*, tr. it. a cura di M. Corbani, Sperling & Kupfer, Milano 1993, p. 36

[6] Cfr. E. Morin, *La conoscenza della conoscenza*, Feltrinelli 1989, p. 63

[7] Ibid. p. 123

[8] Si pensi alla "Teoria dei quanti" enunciata da Plack, secondo cui le l'energia si manifesta a salti, ovvero pacchetti di energia che si manifesta a 'quanti'.

[9] Cfr. M. Cattaneo, *Heisenberg*, in *I grandi della scienza*, «Le

scienze», novembre 2000. Ristampato in *I grandi della scienza*, vol. II, La biblioteca di Repubblica, 2005, p. 613.

[10]Vedasi, ad esempio, quello dei fotoni, in cui le particelle emesse da una sorgente di estensione D, molto maggiore dell'ampiezza della fenditura sono lanciate tutte in direzione perpendicolare aduno schermo. Una volta superato il primo schermo la figura di diffrazione che risulta nel secondo schermo (che rileva la posizione di arrivo delle particelle) è più larga della fenditura, nonostante i fotoni siano sparati tutti esattamente in direzione perfettamente perpendicolare agli schermi e quindi con velocità nella direzione x ben definita ed uguale a zero. L'esperimento verifica, dunque, che il tentativo di definire con maggior precisione la posizione della particella, comporta una perdita di conoscenza della sua velocità, dimostrando l'indeterminazione ben spiegata dal principio di Heisenberg.

[11]N. Bohr, *Teoria dell'atomo e conoscenza umana*, cit., p. 375.

[12] Simone Weil, *Sulla scienza*, ed. Borla, 1998, p. 37

[13] Ibidem, p.49.

[14] Cartesio, *Regulae*, p. 360.

[15] Cfr. Vittorino Andreoli e Giancarlo Provasi, *Elogio dell'errore*, Bur Rizzoli, 2011, p. 19

[16] Ibidem, p. 25.

[17] Cfr. Benedetto Croce, *Logica come scienza del concetto puro*, Laterza, Bari, 1958, 7a ed., p. 305

[18] Cfr. Luigino Binanti (a cura di), *Pedagogia, epistemologia e didattica dell'errore*, Rubettino, 2001, p. 7

[19]Cfr. Simone Weil, *Sulla scienza*, ed. Borla, 1998, p. 168-169

[20] Cfr. D. Antiseri, *Trattato di metodologia delle scienze sociali*, UTET Libreria ,Torino 1996.

[21]Cfr. Karl. R. Popper, *Verità, razionalità ed accrescersi della conoscenza in Conoscenza oggettiva*, Armando, Roma, 1975, p.146

[22]Cfr. K. R. Popper, *Conoscenza oggettiva*, cit.

*[23]*Oggi queste modificazioni le chiamiamo, in senso lato, mutazioni.

[24] Cfr. Charles Darwin – introduzione a *Sull'origine delle specie per mezzo della selezione naturale o la preservazione delle razze favorite nella lotta per la vita* (1859)

[25]Poiché la sequenza delle basi azotate che compone il DNA è composta da miliardi di unità, sui grandi numeri qualche errore nella copiatura è probabile.

[26]Cfr. Genesi, II, 16-17

[27] Georges Minois, *La ricerca della felicità*, Edizioni Dedalo, 2010, p. 40-41

[28]Kant, *Critica del Giudizio*, Laterza, 5ª ed., 1997

[29] Pietro Gavagnin (a cura di), *Kant. Critica del giudizio,* in http://www.pgava.net/filo_materiali_5/Kant_giudizio.pdf

[30] Simone Weil, *Lezioni di filosofia 1933-1934*, raccolte da A. Reynaud-Guérithault, tr. It. di L. Nocentini, a cura di M. C. Sala,

con una nota di C. Gaeta, Adelphi, Milano, 1999, p. 221.

[31] S. Weil, *Discesa di Dio*, cit., p. 138.

[32] Cfr. Lorenzetti L. M. (a cura di), *La dimensione estetica dell'esperienza*, Angeli, Milano, 1995.

[33] Loredano Matteo Lorenzetti, Maurizio Zani (a cura di), *Estetica ed esistenza: Deleuze, Derrida, Foucault, Weil*, Franco Angeli, 2001, p. 31.

[34] Simone Weil, *Quaderni*, cit., II, p. 157.

[35] Ibidem, p. 194.

[36] Ibidem, VIII, p. 199.

[37] Ivi.

[38] Ibidem. VI, p. 169.

[39] Cfr. Lorenzetti L. M., *Musicoterapia teorica ed epistemologia*, P.c.c., Assisi 1984.

[40] Cfr. Capelli A. C., Lorenzetti L. M. (a cura di), *Bambini in ospedale e musicoterapia*, Quaderni CIGI, Pavia 1989; Gagliardi F.,

Lorenzetti L. M. (a cura di), *Euritmia e musicoterapia*, Quaderni del Teatro di Pisa, n. 2, Pisa 1984.

[41] Cfr. S. Weil, *Quaderni*

[42] Cfr. Simone Weil, *Quaderni*, Feltrinelli, Milano 1991, pag. 44 l'enigma della bellezza.

[43] Cfr. Simone Weil, *Lettre A Bousquiet*, Gallimard, Paris 1962, pag. 81

[44] Cfr. Michel Foucault, La Questione Del Soggetto, 1999

[45] *Henry Laborit biologo e filosofo.*

[46] Cfr. Piero Giordanetti, *L'estetica fisiologica di Kant*, Mimesis Edizioni, 2001, pag. 222 e sgg.

[47] Cfr. Lorenzetti L.M., *La base poietica della mente*, Montefeltro, Urbino 2003.

[48] Cfr. Lorenzetti L. M. (a cura di), *Il pensiero della bellezza. Conoscenza estetica cambiamento*, Angeli, Milano 1999.

[49] Cfr." La dimensione estetica del sentire pensare essere". Interventi *a. a. 2005-2006*. Loredano Matteo Lorenzetti.

[50] Ivi.

[51] Cfr. Dostoevskij, *L'idiota*, 1868.

[52] Cfr. "La dimensione estetica del sentire pensare essere". Interventi *a. a. 2005-2006*. Loredano Matteo Lorenzetti.

[53] Ivi.

[54] Ivi.

[55] Cfr. Cfr. Loredano Lorenzetti, *La mente vive del cuore*, Franco Angeli, 2007

[56] Cfr. S. Guerra Lisi, *ART RIBEL nella Globalità dei Linguaggi*, Edizioni ETS, Pisa, 2008

[57] Ibidem, p. 1.

[58] Cfr. M. Foucault, *Antologia. L'impazienza della libertà*, Feltrinelli Editore, Milano, 2005, p. 10

[59] Cfr. Art Roibel, Espressione creativa attraverso differenti punti di vista, Dall'Art Brut all'Art Ri-bel, Curriculum Esposizioni, in http://www.artesss.com/artribel/art-brut.html

[60] Cfr. Ceruti M. - Preta L. (a cura di), *Cos'è la conoscenza*, Laterza, Bari, 1990.

[61] Il termine Gestalt rimanda al verbo gestalten che significa strutturare, organizzare, plasmare, dare un'articolazione.

[62] Cfr. Luciano Faustini, in http://www.artedicambiare.org/TERAPIADELLAGESTALT/tabid/56/Default.aspx

[63] Cfr. Frederick S. Perls, Ralph F. Hefferline e Paul Goodman, *"Teoria e pratica della terapia della gestalt - Vitalità e accrescimento nella personalità umana*, Astrolabio Edizioni, 1951.

[64] La Gestalt è figlia della psicoanalisi anche se, forse proprio

per questa discendenza in linea diretta le distanze della ideolo-
gia-madre e del padre-Freud appaiono così vistose tanto da apparire talvolta ostentatamente sottolineate (vedi Appelbaum,
1976, Gorton, 1982, Delacroix, 1982, Ginger, 1987).

[65] Cfr. Zerbetto R. "Il mondo è pieno di dei (Talete di Mileto)",
in *Psicoterapia della gestalt contemporanea. Esperienze e strumenti
di intervento*. Atti del Congresso della Federazione Italiana delle
Scuole e Istituti di Gestalt-FISIG, febbraio 2008 (pubblicazione
a cura di Marilena Menditto), Franco Angeli Ed. (2011)

[66] Cfr. AA. VV., (1987), *Le contretransfert*, Bibliotheque de Analitica, Navarin Paris, 1987

[67] Cfr. Lacan, Gli scritti tecnici di Freud, 1953-54

[68] Cfr. Klein, *L'importanza della formazione dei simboli nello sviluppo dell'io*, 1930

[69] Lacan, Seminario VII, *L'etica della psicoanalisi*, 1959-60

[70] Si tratta di un segno che contraddistingue particolarmente
il processo di incivilimento; essa fa sì che alcune attività psichi-
che assai elevate - le attività scientifiche, artistiche, ideologi-
che - assumano una parte così importante nella vita civile.

[71] Da un articolo di Viviana Vivarelli, in http://
danilopicchiotti.blogspot.it/2009/09/arte-arte-e-
psicoanalisi-il-surrealismo.html

[72] Cfr. Renè Magritte, cit. in Pia Vivarelli, *Magritte e il linguaggio
rappresentato*, NAC, maggio 1974, pp. 19-20, Dedalo, Bari.

[73] Cfr. Andrè Breton, *Manifesti del Surrealismo*, Einaudi, 2003.

[74] Ivi.

[75] Cfr. D.W. Winnicott, *Gioco e realtà*, Armando Editore, 1974

[76] Cfr. A. H. Maslow, in *E guai a te se non giochi. Gioco, fantasia e creatività. Riflessioni e proposte*, di Liesbeth Henkemans, Armando Editore, 1999, p. 61

[77] Cfr. A. Cropley, *La creatività*, La Nuova Italia, 1981.

[78] Cfr. D.W. Winnicott, *Gioco e realtà*, Armando Editore, 1974

[79] Cfr. J. P. Guilford, tr. it. *La creatività*, in Beaudot A. (a cura di), *La creatività*, Loescher, Torino, 1977.

[80] Cfr. Darley et al., 1995, 78

[81] Cfr. Walt Witman, *Foglie d'erba*, Rizzoli, Milano, 1988.

[82] Cfr. Albert Einstein.

[83] Cfr. Donald W Winnicott.

[84]Cfr. Oliverio Ferrraris A., *Il significato del disegno infantile*, Boringhieri, 1978.

[85] E. Crotti, A. Magni, *Come interpretare gli scarabocchi*, Red edizioni.

[86]cfr D. Di Poce, *Scintille di Creattività*, CFR Edizioni, Sondrio, 2012

[87]Cfr. Donato Di Poce, *Guardare non è vedere*,CFR Edizioni, Sondrio, 2012.

[88] G. Wallas, *The Art of Thought*, New York, Harcourt, Brace, 1926. In Arieti S., Creatività. *La sintesi magica*, Il Pensiero Scientifico Editore, Roma, 1979, p. 15.

[89]Cfr. Edward De Bono, *Creatività e pensiero laterale*, Bur, Milano, 1998.

[90] Cfr. R.K. Merton, E.G. Barber, *Viaggi e avventure della Serendipity*, Il Mulino, 2008.

[91] Se, per esempio, Fleming avesse trascurato la cosa, buttando via il vetrino contaminato come avrebbe fatto uno studente diligente, non avremmo avuto il primo antibiotico in grado di salvare milioni di vite. Lo stesso vale per tutte le altre scoperte 'casuali'.

[92] Cfr. Umberto Eco, "Che bell'errore!", marzo 1985, in *Bustina di Minerva*, rubrica della rivista l'Espresso n. 14.

[93]Cfr. R. K. Merton, E. G. Barber, *Viaggi e avventure della Serendipity*, Il Mulino, 2008.

[94] Dal film "Serendipity", regia Peter Chelsom, Buena Vista, 2000.

[95] Cfr. Claudia Fanti, in http://www.edscuola.com/archivio/ped/non_programmi.htm

[96] Cfr. Giuseppe Zollo, "Il valore dell'errore nel processo di apprendimento" in http://www.funzioniobiettivo.it/glossadid/Didattica%20dell'errore.pdf

[97] Cfr. Maria Montessori, *Come educare il potenziale umano*, Garzanti, 2007.

[98] Cfr. Gaston Bachelard, *La formation de l'esprit scientifique*, Vrin, Paris, 1977, p. 243.

[99] Cfr. Gaston Bachelard, *Il razionalismo applicato*, Dedalo, Bari, 1975, p. 32.

[100] Cfr. Piero Angela, *Da zero a tre anni*, 1975

[101] Cfr. G. Vico, G. Ferrari, *Opere di Giambattista Vico*, vol. 5, p. 151

[102] Cfr. G.W.F. Hegel, *Estetica* [1836-1838], a cura di Nicolao Merker, Torino, Einaudi, 1997, p. 10 e p. 21 e segg.

[103] Cfr. Andrè Breton, *Il y aura une fois* [1932], in: Id., *Clair de terre*, Paris, Gallimard, 1966, p. 100.

[104] Cfr. Charles Morgan, *La stanza vuota*, 1941

[105] La funzione Alfa è una funzione della personalità che agi-

sce sulle impressioni sensoriali e sulle impressioni emotive tra-
sformandole, appunto, in elementi **alfa** cioè in elementi sensoriali ed emotivi trasformati in forma visiva o uditiva, olfattiva
etc. Detti elementi sono utilizzati, nel dominio della mente,
per la formazione di pensieri onirici, sogni e pensieri inconsci.

[106] Cfr. Gaston Bachelard, *La poetica della rêverie,* Dedalo Edizioni, 2008.

[107] Cfr. *Gianni Rodari, "Grammatica della fantasia",* Einaudi,
1974, p. 44.

[108]Cfr. Alfredo Canovi, *Il paradigma di Forrest Gump,
Elogio alla mediocrità e all'errore creativo,* Maggio
2011, in http://www.riflessioni.it/angolo_filosofico/mediocrita-
errore-creativo-1.htm

[109] Ibidem.

[110] Ibidem.

[111] Cfr. *La filosofia dell'errore,* in http://
lospaccio.wordpress.com/2011/04/14/la-filosofia-dellerrore/

[112] Cfr. V. Andreoli e G. Provasi, *Elogio dell'errore,* BUR Rizzoli,
Milano, 2011, p. 186.

[113] Cfr. E. Cassirer, *Saggio sull'uomo,* Armando, Roma, 1972, p.
81

[114]Cfr. J.G. Herder, *Plan zumUnterricht des jungenHerrn von Ze-
schau,* cit., p. 398.

[115] Cfr. J.G. Herder, *Idee*, cit., p. 160.

[116] Cfr. Loris Malaguzzi, *I cento linguaggi dei bambini*.

[117] Cfr. Francesco Reitano, *La riscoperta dell'Eden. Intervento di musicoterapia nel prematuro tramite un lavoro ricostruttivo degli aspetti psicoemotivi dei genitori*, ilmiolibro.it, 2008, p.10-11.

[118] Cfr. Fabrizio De Lucia, *Musicoterapia per lo staff. Tempo e piacere ritrovato*, in http://www.frammentidilunaverde.net/Download/Musica/FDeLucia.pdf

[119] Cfr. Lawrence Sterne, *Un viaggio sentimentale*, a cura di G. Ipsevich Bocca, UTET ("I grandi scrittori stranieri" n. 23), Torino, 1932.

[120] Ivi.

[121] Cfr. Loredano Matteo Lorenzetti, in http://www.musicoterapiarelazionale.it/metodo.html

[122] Cfr. Loredano Matteo Lorenzetti (a cura di), *Arti-terapia: eidoterapia, musicoterapia, danzaterapia*, Provincia di Milano, Milano 1994.

[123] Cfr. Stefania Guerra Lisi, *SinestesiArti nella Globalità dei Linguaggi. Metodo innovativo per l'Integrazione*, in http://www.soundbeam.it/documents/guerra.pdf

[124] Cfr. Mariagrazia Portera, *Nietzsche, Hölderlin, Kant. L'arte e il vivente*, in http://www.aisthesisonline.it/2010/1-2010/nietzsche-holderlin-kant-1%E2%80%99arte-e-il-vivente/

[125]Cfr. Stefania Guerra Lisi, *SinestesiArti nella Globalità dei Linguaggi. Metodo innovativo per l'Integrazione*, in http://www.soundbeam.it/documents/guerra.pdf

[126] Cfr. Auditore, Pasini, *La Musicoterapia Prenatale e Perinatale: un'esperienza*, Vol. V, n. 2, Giu. 1997

[127] Cfr. Benassi, *Aspettar cantando: la voce nella scena degli affetti prenatali*, in "Musica et Terapia", Vol. V, n. 2, Giu. 1997

[128] Cfr. Schön D., Akiva-Kabiri L., Vecchi T., *Psicologia della musica*, in "Musica et Terapia", Carocci Editore, Roma, 2007, p. 27.

[129]Il termine *glitch* è usato in elettrotecnica per indicare un picco breve ed improvviso (non periodico) in una forma d'onda, causato da un errore non prevedibile. Per estensione è usato per indicare un breve difetto del sistema in vari campi di applicazione dell'elettronica.

[130]   Cfr.   Giovanni   Allevi,   cit.   in   http://myfrasiaforismi.blogspot.it/2011/05/frasi-aforismi-musica.html

*[131]*Cfr Ugo Fasolo, da L'Isola assediata, Venezia 1957, in. S. Spartà, *Poesia di ispirazione cristiana*, Editrice Rogate, Roma 1996, p. 202-203.

*[132]*Cfr. Kahlil Gibran, *Il Profeta*, Feltrinelli, 2006, p. 36

[133]   Cfr.   Stas'   Gawronski,   *La   poesia   e   la   bellezza: intervista   a   Franco   Loi*,   16/03/2008,   in   http://bombacarta.com/2008/03/16/la-poesia-e-la-bellezza-intervista-a-franco-loi/

[134] Cfr. Lorenzetti L. M. (a cura di), *L'ascolto poetico della cono-scenza*, Franco Angeli, Milano, 1996.

[135] Ivi.

[136] Ivi.

[137] Ivi.

[138] Ivi.

[139] Cfr. Lorenzetti, *Quaderni*.

[140] Cfr. B.B. King, *Blues Around Me*

[141] Cfr. M. Piras, *Gli ingranaggi di Turkish Mambo*, in "Musica Jazz", aprile 1985.

[142] Cfr. John F. Szwed, *Jazz! Una guida completa per ascoltare e amare la musica jazz*, EDT, p. 37

[143] Cfr Neri Pollastri Intervista a Stefano Bollani – "About Jazz Italia - All About Jazz" in italia.allaboutjazz.com/php/article_print.php?id=2693.

[144] Cfr. Davide Sparti, *Il corpo sonoro. Oralità e scrittura nel jazz*, Il Mulino, 2007

[145] Cfr. Pio Scilligo, *La nuova sinfonia dei molti sé*, Roma, Editrice LAS, 2004.

[146] Cfr. Scardovelli, *Il flauto di Pan. Musica, Complessità, Comunicazione*, ECIG, 1998, p. 1

[147] Cfr. Ivi.

[148] Cfr. Newson, 1977, cit. in http://www.mauroscardovelli.com/MT/Musicoterapia/Dialogo_sonoro.html

[149] Cfr. R. Zatorre, *Music the food of neurosciences*, Nature vol. 434, p. 22-25

[150] Cfr. F. Panizon, *La musica, i suoi effetti comunicativi e neurofisiologici, e la musicoterapia*, Medico e Bambino 2008, p. 534-540

[151] Cfr. L. Lopez, *Incontro fra Neuroscienze e Musica*, Quaderni, acp 2007, p. 190-192

[152] Cfr. Charles Baudelaire, «La musica», in *I fiori del male*

www.ingramcontent.com/pod-product-compliance
Lightning Source LLC
Chambersburg PA
CBHW031943170526
45157CB00011B/2573